ZHONGGUO LINGSHOU
GUATOU
JINGZHENG BOYI

中国零售寡头竞争博弈

王建府　著

河南人民出版社

图书在版编目（CIP）数据

中国零售寡头竞争博弈／王建府著．—郑州：河南人民出版社，2020.9
ISBN 978-7-215-11846-1

Ⅰ．①中…　Ⅱ．①王…　Ⅲ．①零售企业-企业竞争-研究-中国　Ⅳ．①F724.2

中国版本图书馆 CIP 数据核字（2019）第 063400 号

河南人民出版社出版发行
（地址：郑州市郑东新区祥盛街 27 号　邮政编码：450016　电话：65788059）
新华书店经销　　河南新华印刷集团有限公司印刷
开本　710 毫米×1000 毫米　1/16　印张　8.75
字数　155 千字
2020 年 9 月第 1 版　　2020 年 9 月第 1 次印刷

定价：25.00 元

内容简介

改革开放以来,我国零售业得到了较快发展,零售企业规模逐年扩大,零售百强销售规模所占社会消费品零售总额比重稳步提高,大型零售企业的影响力在逐步提高,市场集中度在稳步提升。零售百强销售额过千亿元企业数目,2007 年开始出现,至 2010 年已增加到 3 个,2015 年达到 7 个,并且出现了销售额过万亿元企业,零售寡头逐步形成。

伴随着我国零售业的快速发展,大型零售商的涌现,其市场势力逐步提高,随之市场上出现了一些不和谐现象,主要有以下两个方面:第一,我国零供渠道冲突频发,近年来愈演愈烈;第二,顾客满意度呈下降态势,购买不积极,需求疲软。

本书通过对我国零售业市场结构演进的内外部原因分析,以及对零售市场集中度的实证考察,揭示出我国零售市场已呈现寡头雏形。在我国寡头市场雏形下,大型零售商利用不断增强的市场势力,成为局部领域的零售寡头,利用自身的垄断地位,损害供应商和顾客的利益,是造成上述不合谐现象的主要原因。通过逻辑分析,在我国大型零售商、供应商和顾客之间存在三赢价值链的内在机制。只有大型零售商树立起三赢价值链的理念,与供应商和顾客共享渠道收益;并且供应商树立起三赢价值链的理念,真正地为顾客提供合意的产品,三赢价值链机制才能建立起来,零售市场不和谐的问题也会得到解决。而且大型零售商、供应商和顾客之间还可以建立起长期稳定的战略同盟。

具体内容安排如下:

第 1 章是绪论,主要包括选题背景、研究意义和文献综述。

第 2 章分析我国零售市场结构演进的原因。我国流通体制改革为零售业市场结构演进提供持续动力。零售企业的长期成本相对于总需求来说呈现缓慢上升的特点决定了零售业市场结构演进的趋势。流通体制变革改善了我国零售市场环境。在市场经济条件下,市场资源向优势零售企业聚集,逐步形成具有规模经济优势的大型零售商;大型零售商的竞争行为又引起零售市场集中度、差异化和进入壁垒的变化,从而推动零售业市场结构的演进。当前我国零售市场企业规模两极分化现象逐步显现，市场集中度逐步提高，我国零售业市场结构正从自由竞争向寡头结构演进。

第3章分析我国零售业寡头市场结构雏形的形成及特点。改革开放为我国零售业快速发展持续注入动力，零售业受自身成本特征朝向寡头趋势发展。在我国零售寡头企业按所有制形式分类主要有三种不同的成长路径：内资私营零售企业、内资国有零售企业和外资零售企业。当前我国零售业具有规制宽松，寡头零售企业对供应商拥有采购权垄断，对商圈内消费者拥有销售权垄断和行业协会作用不显著的特点。

第4章分析我国零售业寡头市场结构雏形下，零售寡头因竞争对手的不同会采取不同的竞争策略，从而形成相应的相互竞争关系。当前我国寡头零售企业主要分为两大阵营：内资寡头和外资寡头，他们之间形成了比较错综复杂的竞争关系，既有阵营与阵营之间的竞争，也包括阵营内部之间的竞争。主要包括：内资寡头零售企业之间的竞争、内资寡头和外资寡头的竞争和外资寡头之间的竞争。

第5章分析寡头零售企业与供应商关系：强制收费的成因及治理。由于我国零售业中政府规制缺失，加之寡头零售企业占有渠道资源，对供应商拥有采购权垄断，引发寡头零售企业对供应商强制收费问题。强制收费造成的危害比较大，应当加强治理。

第6章分析寡头零售企业与消费者关系：由让利促销向渠道收益共享转变。现实表明，在营销渠道中，消费者、供应商和中介组织，分别以购买行为、供货行为和营销行为参加了渠道价值创造，渠道收益是他们的共同成果，理应按各自贡献大小归他们分享。在我国寡头市场结构雏形下，只有大型零售商和供应商（生产商）树立起三方共赢的理念，真正地为消费者提供合意的产品和服务，并且实行渠道收益共享，三方共赢机制才能建立起来，供应商、大型零售商和顾客之间才能构建稳固的战略同盟。

第7章概括本书相关结论。

目 录

1. 绪　论

1.1 选题背景和研究意义

1.1.1 选题背景

零售是向最终消费者提供所需商品和服务的行业，是商品流通的最终环节。零售商通常拥有门店等直接接触和服务于消费者的网点，是供应商和消费者之间的桥梁。零售业作为商品流通的重要环节，其重要性和价值体现在：掌握广泛的网点资源，对于很多商品而言，能够进入零售渠道是其实现销售的主要途径。强势零售商的发展壮大可以有效地整合销售渠道、提高规模效益、节约流通成本，实现社会资源的有效配置。零售商直接和终端消费者接触，掌握市场热点和消费趋势变化，为生产商提供有效的反馈。

零售业在整个国民经济中发挥着承上（生产）启下（消费）的重要功能，是支撑经济增长的重要产业，对整个社会的资源配置、结构调整都起着不可替代的重要作用。零售业在拉动内需、扩大消费、推动经济增长，促进工业企业实现规模化、产业化等方面发挥日益重要的刺激作用。除了对经济和社会的贡献之外，由于零售业是连接生产者和使用者的桥梁和纽带，处于市场经济中最活跃的环节，对各种影响因素的反映敏感度要高于其他行业，因而其发展变化轨迹可以作为观察我国国民经济和社会发展的晴雨表。零售业的主要销售对象是居民和社会集团，因此通过观察零售业的销售情况，可以反映出消费领域的基本走势。

改革开放以来，我国零售业得到了较快发展。批发和零售业的社会消费品零售总额由 1978 年的 1363.7 亿元，增加为 2016 年的 300930.8 亿元，扩大了 220.67 倍，年平均增长率为 15.78%。尤其是加入 WTO，随着零售业的全面开放，我国零售业发生了显著的变化。

零售企业规模逐年扩大。我国零售百强（零售百强数据见表1－1）入门门槛由2000年的6.05亿元，提高至2016年的45.1亿元，扩大了7.45倍；销售额过百亿元的企业2016年已经达到64个，占到百强的半数以上。销售额过千亿元企业数目从2007年开始出现，至2016年已增加到6个。甚至在2015年和2016年出现万亿元级企业。这些都表明我国零售企业规模逐年扩大。

表1－1　2000—2016年我国零售百强①数据

指标 / 年份	百强总额占社会消费品零售总额比重（%）	进入百强门槛（亿元）	百强前十占百强总额比重（%）	销售额过百亿企业数目（个）	销售额过千亿企业数目（个）	销售额过万亿企业数目（个）
2000	4.2	6.1	34.0	1		
2001	5.4	7.2	33.8	1		
2002	6.0	8.2	38.8	5		
2003	7.9	10.0	40.5	10		
2004	9.3	10.6	40.9	15		
2005	11.4	12.9	41.6	22		
2006	11.3	14.2	47.3	21		
2007	11.6	16.8	48.4	27	1	
2008	11.1	19.6	48.0	30	2	
2009	10.3	20.8	46.7	38	2	
2010	10.6	25.2	47.1	45	3	
2011	10.9	30.0	48.3	55	4	
2012	11.3	38.6	49.5	61	5	
2013	11.7	39.7	50.5	64	6	
2014	12.4	35.6	59.3	63	6	
2015	13.7	40.0	65.8	65	7	1
2016	14.5	45.1	69.2	64	6	1

资料来源：根据历年《中国经济贸易年鉴》《中国国内贸易年鉴》《中国商业年鉴》《中国统计年鉴》及中国商业联合会历年发布的《中国零售业百强企业排名》《中国连锁百强企业排名》计算整理获得。

我国零售市场集中度在稳步提升，大型零售企业的影响力逐年提高。2000

① 由于2010年只收集到零售百强排名信息，鉴于该年百强有90家为连锁经营，结合连锁百强2010年数据。其余10家非连锁企业数据采用插值法进行估算。估值百强零售总额为16644.8亿元，与实际值16641.2亿元比较，误差为－0.02%。

年至2016年我国零售百强销售规模所占社会消费品零售总额比重稳步提高，2016年零售百强企业商品销售总额占社会消费品零售总额中的比重为14.5%，比2000年提高10.3个百分点。百强企业占社会消费品零售比重的提高，说明我国大型零售企业的影响力在逐步提高。百强前十占百强总额比重由2000年的33.97%，增加为2016年的69.2%。市场资源向大型零售企业聚集，表明市场集中度在稳步提升以及大型零售企业的影响力的提高。

我国零售行业无论从繁荣发展的程度看，还是从对国民经济的贡献率看，都是我国国民经济一个十分重要的行业，对拉动和扩大我国内需，促进我国经济快速平稳地发展作用也越来越大。我国零售业能否实现可持续地、健康地发展，对满足广大人民群众日益增长的需求，有效拉动内需，保持国民经济全面、健康地发展都具有十分重要的意义。伴随着我国零售业的快速发展，大型零售商的涌现，市场势力逐步提高，随之出现了一些不和谐现象，主要有以下两个方面：

第一，供应商受到歧视。其主要表现为：我国零供渠道冲突频发，近年来愈演愈烈。1992年后随着零售业的对外开放，零售市场集中度提高，导致零供渠道关系发生了变化。尤其是1998年以后，我国社会主义市场经济体制初步确立，并且全面转向买方市场，零售商获得极快发展，成为了渠道主导。大型零售商凭借渠道势力，向供应商收取进场费，延长与供应商的结算账期，通过对供应商的压榨来获取利润。零供矛盾冲突在不断升级激化。零售企业本应以赚取商品差价为主要赢利模式，但是大型零售商已把对供应商收取各种费用当成主要赢利模式，使得零供矛盾激化，造成零供冲突事件频发，并呈现愈演愈烈势头。进店费、上架费、促销费、店庆费等各种名目的巨额通道费已经成为供应商企业难以挣脱的"枷锁"。而且，通道费间接推高商品价格，这项成本被层层加码，最终转嫁到顾客身上，已经成为高物价的推手。

第二，顾客满意度呈下降态势。据《中国质量万里行2016年第12期投诉统计分析报告》报道，2016年11月16日至2016年12月15日，中国质量万里行投诉部共收到投诉8051例。报告期数据显示，本期消费投诉量较上期相比增加1179例，增幅为17%，环比涨幅有所下降；与去年同期相比，增幅明显，投诉总量上涨3784例，增幅为88.68%。数据显示，消费者要求投诉目标进行退货退款的比例为29.57%。在分区域的消费投诉案例中，几乎所有区域均出现增长。在投诉量排名比较靠前的区域中，与往期分区域消费投诉量类似，广东、北京、江苏、上海、浙江、山东等经济发达区域仍居于投诉量的前几位。从投诉中心受理的投诉案例来看，投诉原因主要分为对产品质量的投诉、对服务质量的投诉、对销售过程不满的投诉，还有其他原因导致的投诉，我国的顾客满意度指数下降趋势明显①。

本书旨在通过对我国零售业市场结构演进的动力分析，结合零售企业相对成本的特点，以及对细分零售市场集中度的实证考察，揭示出我国零售市场已呈现寡头雏形。且在我国寡头市场雏形下，只有大型零售商和供应商树立起三赢价值链的理念，真正地为顾客提供合意的产品和服务，三赢价值链机制才能建立起来；零售市场不和谐的问题才能得到解决。

1.1.2　研究意义

本书的研究意义主要有三个方面：

第一，可以为政府制定我国零售业的重大方针政策提供理论参考。随着我国市场经济建设的不断深入发展，我国理论界、政府和企业界都已清楚地认识到，我国流通业已经发展成为保证国民经济正常运行的先导产业。零售业是满足广大人民群众各类生活资料需求，拉动消费的关键环节。因而，科学地分析我国零售业的演变规律和预测其可能的发展趋势，可以为政府制定零售领域、消费领域的重大方针政策提供有力的理论参考。

第二，对保障我国零售业的快速平稳健康发展具有理论探讨意义。加入WTO之后，我国零售市场在面临越来越国际化的市场竞争环境前提下，如何研究我国零售业企业规模扩张动因、途径与发展趋势，保持我国零售企业的健康发展，保持我国内资零售企业不断发展壮大，使其始终占据我国流通领域的主导地位。从而保证我国零售行业健康、平稳地发展，满足广大人民群众的生活需求，构建和谐社会，这是我国零售业乃至我国国民经济健康发展的重大现实问题，也是理论界重点研究并且亟须解决的重大课题。

第三，承认消费者参加渠道价值创造的理论价值可以为营销渠道三赢价值链理论奠定坚实的理论基石。商务部关于"十二五"时期促进零售业发展的指导意见中的指导思想提出："深入贯彻落实科学发展观，以提升零售业整体发展水平为目标……以扩大消费……改善民生、促进和谐为根本出发点和落脚点。"

---

① 中国质量万里行投诉部. 中国质量万里行. 2016 年第 12 期投诉统计分析报告[EB/OL]. 2017 – 01 – 11 http://www.315online.com/magzine/201701/375141.html.

在发展目标中包括:"'十二五'时期……零供双方互利共赢、和谐发展。"[①]这些都指出了处理好零售商、供应商、顾客三方关系,对零售业发展的重要意义,而本书重点论述的营销渠道三赢价值链理论的建立,正是弥补了我国这方面研究的不足。对政府制定相关政策提供了强有力的理论基础。也为我国学者在相关方面问题的深入研究,做好了铺垫。

1.1.3 研究的内容

我国零售行业无论从繁荣发展的程度看,还是从对国民经济的贡献率看,都是我国国民经济一个十分重要的行业,它对拉动和扩大我国内需,促进我国经济快速平稳地发展作用越来越大。我国零售业能否实现可持续地、健康地发展,对满足广大人民群众日益增长的需求,有效拉动内需,保持国民经济全面、健康地发展都具有十分重要的意义。

本书研究的内容主要有如下几个主题:

①改革开放以来我国零售业发展与演进;

②我国零售业寡头市场雏形的形成及其基本特征;

③寡头零售企业间的竞争表现;

④寡头零售商与供应商关系:强制收费问题的成因及治理;

⑤寡头零售商与顾客关系:由让利促销转变为渠道收益共享。

1.1.4 理论框架及研究方法

关于零售业的结构理论,目前国内外学者还没有提出系统性的理论,但是针对某一方面的理论还是有比较丰富的经典论著。因此,我们还是可以构建一个研究理论框架,以指导本书研究的方向。

传统产业结构组织理论(结构范式)和新产业组织理论(行为范式)及渠道理论是本书总的理论框架,在一些具体的研究中则运用相关的一些理论。

本书研究的方法主要运用历史研究法和归纳法,辅之以博弈论逻辑演绎法做零售业发展规律的定性研究;运用历史数据做零售业的发展趋势的定量研究。具体来讲主要是博弈论和计量经济学相结合的方法。

两种方法各有其适用的地方,也有其局限性,而两者相结合则可以相辅相

---

① 中华人民共和国商务部. 关于"十二五"时期促进零售业发展的指导意见[EB/OL]. 2012-02-06. http://www.mofcom.gov.cn/aarticle/b/d/201202/20120207953815.html.

成。博弈论以其严密的逻辑,进行演绎推理,寻找可能的均衡路径和均衡状态,但是有时不得不需要做出比较严格的假设,然而现实中的人总是有限理性的,现实环境又是千差万别。计量经济学正好可以验证其实用性。同时,利用计量经济学分析数据之间的关系,只能说明变量间的相关关系,并不能说明变量之间的因果关系,而博弈论可以从逻辑上说明变量的因果关系。这样一来,逻辑的方法和实证的方法相结合可以得到比较全面和可靠的结论。

本书逻辑框架见图1-1。

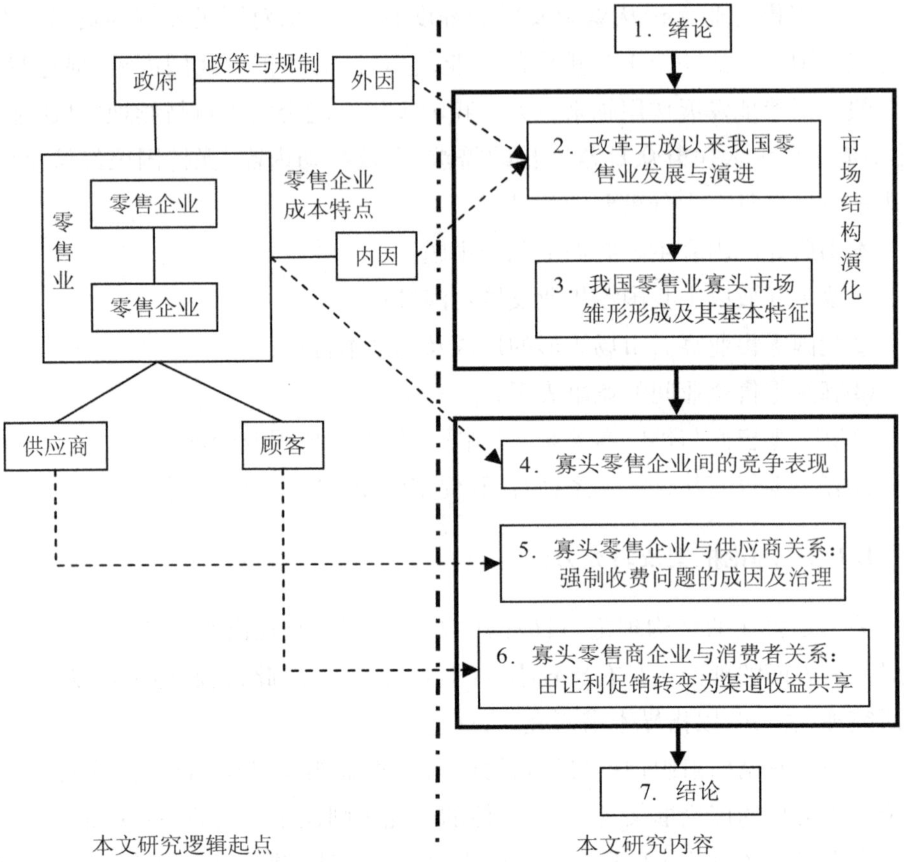

图1-1　本书逻辑框架与研究内容

资料来源:根据本书逻辑框架绘制。

1.1.5　本书的不足和有待深入的地方

文中仍有一些问题研究得不彻底,需要进行更加深入的研究。主要包括:关于我国零售业市场商圈内集中度的计算方案的可行性以及数据的可获得性问题的研究;在我国零售市场寡头雏形下,对大型零售商规制问题的探讨;在存在三赢内在机制的条件下,构建供应商、大型零售商和顾客之间稳固的战略联盟的具体方法、步骤和实施方案的研究等问题。

1.2 文献综述

1.2.1 市场结构相关理论综述

(1)西方经济学关于市场结构的概念

在经济分析中,根据不同市场结构的特征,将市场划分为完全竞争市场、垄断竞争市场、寡头市场和垄断市场四种类型①(见表 1-2)。决定市场类型划分的主要因素有以下四个:市场上厂商的数目;厂商所生产产品的差别程度;单个厂商对市场价格的控制程度;厂商进入或退出一个行业的难易程度。

表 1-2 市场类型的划分和特征

市场类型	厂商数目	产品差别程度	对价格控制的程度	进出一个行业的难易程度	接近哪种商品市场
完全竞争	很多	完全无差别	没有	很容易	一些农业品
垄断竞争	很多	有差别	有一些	比较容易	一些轻工产品、零售业
寡头	几个	有差别或无差别	相当程度	比较困难	钢、汽车、石油
垄断	唯一	唯一的产品,且无相近的替代品	很大程度,但经常受到管制	很困难,几乎不可能	公用事业,如水、电

高鸿业.西方经济学[M].北京:中国人民大学出版社,2007.

第一,完全竞争市场。在这种市场状态中,由于长期均衡中实现了市场价格 = 边际成本 = 平均成本,顾客能够以实际上可以达到的最低价格来购买商品,生产者可以确保得到正常的利润,整个社会的人力、物力和财力等资源得到了合理的分配和有效的利用,企业则时刻处于为保持平均利润和争取超额利润而进行的激烈竞争之中。所以,这是一种理想的市场结构形态。然而它所要求的条件十分严格,因此这种形态只存在于特定的空间维度中。其余的三种类型均为不完全竞争市场结构。第二,完全垄断市场。由于规模的经济性、资源的稀缺性以及国家利益等原因,完全垄断市场具有存在的现实性与合理性。在该

① 高鸿业.西方经济学[M].北京:中国人民大学出版社,2007.

市场中,垄断企业是价格的制定者,它会通过限制产量来控制价格,使价格保持在较高水平上。由于独占市场的垄断企业可以凭借垄断权力长期得到超额利润,因而在机会上是不平等的,在分配上是不公正的。第三,垄断竞争市场。指介于完全竞争和完全垄断之间的一种市场结构。在该市场上,产品的差异性产生了一种有限度的垄断,虽然有的企业可以由此而获得一定的垄断利润,但从长期看,并没有绝对的进入壁垒,如果某种产品的价格性能比明显地高于同类产品,就会有部分顾客转而购买其他产品。另外,新企业进入市场竞争,也会影响供求关系而导致垄断利润减少。显然,垄断竞争市场满足了顾客的不同偏好,提供了更多的选择机会和更全面的服务。因此,在垄断竞争市场上,既存在有限度的垄断,更存在着激烈的竞争。第四,寡头垄断市场。指由少数几个企业控制了商品供应的市场。在寡头垄断市场里,寡头企业通常以某种方式串谋,制定类似于垄断的价格,共同获得最大利润。但由于每家企业都有背弃协议、从其他企业抢走生意的欲望,因此又往往难以达成协议,或是在达成协议后又暗中违反协议。随着他们背弃协议程度的加深,其定价和产量便会最终趋向于竞争市场的均衡水平。一般言之,在寡头市场上,企业处于兼有竞争和垄断的条件下,能够取得某种程度的超额利润,使企业达到较大的规模,取得较好的规模效益;同时,由于整个行业中只有少数几个企业,价格比较稳定,也便于政府进行行业管理。

西方关于市场结构理论更深入的研究是产业组织理论,产业组织理论的发展表现为分析范式由结构—行为—绩效范式(Structure-Conduct-Performance Model,以下简称 SCP)向行为范式(新产业组织理论)的演进①,相关的市场结构理论,分别称为:传统市场结构理论和新产业组织市场结构理论。

(2)传统产业组织理论中市场结构相关理论

新古典经济学派的创始人马歇尔(Marshall,1890)在《经济学原理》中提出,所谓马歇尔冲突②(Marshall Conflict),即:规模经济将导致垄断,妨碍价格机制发挥作用,进而阻碍自由竞争。规模经济与竞争活力之间的两难矛盾,开启了对垄断竞争和寡头垄断市场结构的研究。1933 年,英国经济学家乔安·罗宾逊的《不完全竞争经济学》和美国经济学家张伯伦的《垄断竞争理论》同时出版,标志着垄断竞争理论的形成。该理论修正了新古典主义的完全竞争理论,提出

① 胡志刚.市场结构理论分析范式演进研究[J].中南财经政法大学学报,2011(2).

② 马歇尔.经济学原理[M].北京:商务印书馆,1964:324-330.

了产品差异的概念,并将其与垄断竞争联系起来,丰富和发展了自斯密以来的市场竞争理论,研究了位于完全竞争和纯粹垄断两种极端市场形态之间广阔的中间地带的市场结构,为 SCP 范式的完整提出奠定了基础。

贝恩(Joe S. Bain,1959)在《产业组织》一书中将市场结构作为产业组织理论研究的中心内容,并着重对市场结构的重要因素及其对市场行为和市场绩效的影响进行了系统研究。基本内容是市场结构决定企业在市场中的行为,企业行为决定市场运行在各个方面的经济绩效。哈佛学派的 SCP 分析范式的形成标志着现代市场结构理论的真正建立。继贝恩之后,哈佛学派另一位经济学家席勒(Scherer,1970)进一步完善了 SCP 范式,使之更趋规范化、更有逻辑性。[①]

SCP 分析范式的主要概念包括:第一,市场结构,主要是涉及影响竞争过程的市场特征,贝恩将市场结构最突出的特征归纳为四点:卖方集中度、买方集中度、产品差别程度和进入壁垒状况,其中,卖方集中度与进入壁垒状况是最为重要的两个因素[②]。第二,行为,主要包括产品定价和非价格行为。贝恩强调市场结构影响单个厂商的经济行为,包括直接和间接两个方面。直接影响,如厂商的内部组织结构,包括佣工策略、工作条件等;间接影响,如厂商内部资源配置及其产品定价和竞争策略。第三,绩效,主要是通过规范的“好坏”标准对满足特定目标的经济行为的评价。贝恩依据产业内前四位、八位的绝对集中度指标,对不同垄断、竞争结合程度的产业结构进行了分类。

SCP 范式的理论逻辑主要包括:第一,在结构—行为—绩效模型中,运用了微观经济学分析的推论。产业的绩效取决于卖方和买方的行为,卖方和买方的行为取决于市场结构。结构反过来又取决于基本状况,如技术和产品需求等条件。第二,从理论的逻辑来看,更多地强调了市场结构是导致厂商不同行为和绩效的主要因素。第三,更加强调经验性的研究,由于结构主义的主要理论结论都是通过经验性分析得出,即关于集中度、进入壁垒与绩效的关系。在理论解释上,很大程度依赖这种经验性的分析变量的设定、时间和条件。

SCP 范式主要利用计量分析方法作为分析工具,描述和归纳产业竞争状况的一般性规律。统计技术中的横截面分析、动态分析、时间序列分析能够很好地描述和建立同一时点产业与产业之间、不同时点产业内部的结构关系,并能

---

① Scherer, F. M. Industrial Market Structure and Economic Performance [M]. Chicago: Rad Mc Nally, 1970:37.

② Bain, J. S. Industrial Organization [M]. 2ed. New York:. Joh Wiley & SosIc, 1959:56.

够验证不同结构和行为要素对绩效,特别是对获利能力的影响。由于计量分析方法的引入,SCP 范式的基本假设系统性的结构决定系统性的行为就容易得到验证。通过计量分析方法,对市场结构类型划分标准的研究,就转化为对市场结构影响因素的分析。一般来说,市场中的企业在数量、份额、规模上的关系被描述为市场结构,其影响因素有如下几个:第一,交易双方的数目和规模分布;第二,产品差异化程度;第三,市场份额和市场集中度;第四,进入壁垒。通过对影响因素的分析形成了划分市场结构类型的标准,如贝恩的市场结构类型划分等。同时,根据 SCP 范式的观点,竞争属于市场结构问题,判断产业的竞争性,必须看这一产业的市场结构是否高度集中,是否由寡头企业控制,同时还应看进入该产业的壁垒是否很高,是否阻碍了新企业的进入和竞争。

简评:SCP 范式最具开创性的意义在于建立了产业组织理论的分析框架和分析范围,在大量的经验性分析中运用了主流微观经济理论的推论并提出了问题,大大深化了厂商理论的微观经济研究。但结构主义方法尽管比纯描述性的传统方法相比要严格得多,仍然存在严重的缺陷。SCP 研究存在主要问题包括:第一,概念问题。关于经验性分析中变量的设定、时间和条件。首先在对产业绩效测量中,结构主义主要采用了利润率和回报率两种指标,这两种指标是否遵循了长期绩效衡量方法。长期绩效衡量方法应是衡量绩效的基础,但以短期绩效衡量为基础的 SCP 研究则不是这些理论的恰当检验。其次结构变量是不是外生。利润和高集中度间的正相关关系中,强调了高集中度引起高利润是“坏的”。事实上,利润和集中度正相关的解释中还包括了厂商的最有效率生产、创新性的研究和市场范围的扩展。如果集中度不是一个外生的衡量方法,利润和集中度间关系的估计将出现偏差。即高利润可能由几个因素共同产生,集中度也可能不影响利润率,它对利润率的影响仅仅是外生的。第二,简单化逻辑。事实上,导致行为和经济绩效的原因是非常复杂的,但 SCP 的模型的线性分析,削弱了模型对经济现象的解释力度。第三,经验性分析强于理论解释。尽管结构主义以主流微观理论的主要推论为基础,但在理论的解释中,只强调了短期分析的意义,而忽略了长期过程中产业的动态效率和配置效率。

(3) 新产业组织理论中市场结构相关理论

博弈论与行为主义兴起于 20 世纪 70 年代中后期,信息经济学和博弈论成为分析策略冲突的标准工具,给产业组织研究带来了统一的方法论,形成新产业组织理论(NIO)。新产业组织理论的代表人物泰勒尔(Tirole)将市场结构理解为:市场结构,即规定构成市场的卖者(企业)相互之间、买者之间以及卖者与买者集团之间等诸关系的因素及其特征。[①] 而决定市场结构的主要因素有:集中(包括卖者集中和买者集中);产品的差别化;新企业的进入壁垒。该理论将市场结构内生化,认为企业不是被动地对给定的外部条件做出反应,而是试图以策略性行为去改变市场环境、影响竞争对手的预期,从而排挤竞争对手或遏制新厂商进入市场。

新产业组织市场结构理论以博弈论中的纳什均衡来阐明企业的行为,分析在既定初始均衡条件或状态下如何运用策略性行为达到新的均衡。这种新的研究方法在对寡头垄断或垄断市场结构、现有企业间的竞争、在位企业与潜在进入企业间的策略性行为、企业的进入退出行为、价格竞争与价格共谋、广告、产品差异化等方面的动态分析取得了显著成效。博弈论方法的引入,使得古诺模型(Courot)、伯特兰德模型(Bertrad)等经典寡头垄断模型得到了统一的动态化解释。相应地,市场结构类型的划分标准也不再基于结构,而是基于厂商策略性行为,如古诺结构、伯特兰德结构等。总体而言,新产业组织理论运用博弈论在寡头垄断市场竞争者的战略性相互作用的研究上取得了很大的进展。[②]

简评:新产业组织市场结构理论最为突出的成果是方法论的创新。以博弈论为基础的策略性行为研究取代了基于统计学和计量方法的结构—行为—绩效经验性研究。方法论创新直接导致分析范式从结构主义向行为主义的转变。新产业组织理论顺应了厂商以价格战、垂直约束、排他性交易、价格歧视、广告、产品差异化等为主要竞争手段的新趋势。新产业组织学派市场结构理论,第一,系统研究了厂商的市场行为及其作用。围绕着厂商的市场行为展开研究,强调行为对结构和绩效的影响,标志着产业组织的研究重点由结构转向了行为。第二,重点研究了行为对结构的反作用。在寡头垄断的市场结构中,企业不再被动地面对环境。鲍莫尔(Baumol,1982)通过引入可竞争市场(Contestable Market)概念,提出可竞争市场结构学说,构建双向和动态的分析框架,并尤为强调三者之间的互动关系[③]。第三,着重分析了垄断条件下的企业竞争行为。新产业组织理论大量运用博弈论,特别是非合作博弈及其分析方法,克服了SCP范式的理论缺陷。新产业组织学派以企业的市场行为分析为中心,被称为厂商主义学派或行为主义学派,它在市场结构的决定因素方面与传统的结构主

① 泰勒尔.产业组织理论[M].北京:中国人民大学出版社,1997:264.

② 李何.供求特征、策略性行为对市场结构的作用机理研究[D].长春:吉林大学出版社.2009.

③ Baumol, W., Pazer, J., Willig, R. Contestable Market and the Theory of Industry Structure [M]. San Diego: Harcout Brace Jovaovch, 1982:78 -85.

义有所差别,可视为是对 SCP 范式的重构与扬弃。

尽管市场结构理论在分析范式上已经取得重大进展,但其缺陷和问题依然明显。新产业组织理论运用博弈论对经典的寡头垄断模型重新进行了解释,但过于精细的假设,使得运用博弈论模型得出的结论反而缺乏经验性分析的支持。正如史蒂芬·马丁所言,新产业组织理论的内部结构出现了类似于由不规则的碎片所组成的几何体(Fractalizatio)的格局。① 可以看出,无论哈佛学派,还是新产业组织理论,均未能对市场结构是如何形成的给出满意解释。

(4) 市场结构演进的过程分析②

市场结构的内涵包括社会关系、分工协作和产业组织三个方面。从市场的社会属性看,当社会主体为了获得经济交换的机会而展开竞争时市场就产生了,它以许多行动者之间的竞争开始,而以少数行动者之间达成交换结束(Swedberg,1994)。市场结构是依赖于权力建构的竞争者之间的一个"社会关系网络"(L·布朗,1940;H·怀特,1981),具有强烈的政治、社会、文化等方面的属性(塞尔顿,1990),文化系统、政治系统和制度系统在社会大系统中的不同位置会导致不同的市场结构(帕森斯和斯梅尔瑟,1984)。从市场的分工协作属性看,市场是一种促进交换的社会制度,它以文化制度、社会秩序和政治权力等上层建筑为基础,通过劳动分工与协作完成交换和竞争;市场竞争过程就是发现和利用分散知识的过程。市场结构是满足产权、治理结构和交换规则三个制度条件的,若干个经济主体的选择结构的组合,它依赖于交易效率、专业化的递增报酬的相对规模(Borland J. and Yang X. K. ,1992)和社会分工水平(Yang,1928)。市场的制度基础越健全,交易效率越高,分工和专业化的水平就越高。从市场的产业组织属性看,市场结构就是市场特征的划分体系(O. B. 塔克,1996),包括卖方和买方的数量、进入壁垒、规模经济、集中律和产品差别化(Dinald A. H. and Derek J. M. ,1991)等属性;市场结构的演进取决于市场内部的垄断力量与竞争力量的对抗,当市场竞争力量比垄断力量强大时,市场进入壁垒就会降低。

基于市场结构的这三个内涵,市场结构的演进过程可以描述如下:由于经济活动总是嵌入于社会活动中,生产与消费直接依赖于非正式的社会关系网

① [美]史蒂芬·马丁. 高级产业经济学 [M]. 上海:上海财经大学出版社,2006:25.

② 淮建军,刘新梅. 基于过程的政府管制对市场结构演进的影响机理研究 [J]. 江淮论坛,2006:(6).

络;随着社会系统中的政治权力、经济制度、文化习惯、法律规范等正式关系的确立,市场交易的水平不断提高,市场逐渐形成了制度性要求和分工协作关系。随着企业的生产分工和社会的职业分工不断细化,市场交易方式都得到了发展,垄断力量与竞争力量的较量,导致一个产业内的买卖的数量、市场集中率、产品差异度、进入壁垒和竞争程度不同,从而使企业获得的市场份额、企业利润率发生变化。如果市场中的社会关系网络越活跃,分工协作的水平就越高,市场进入壁垒就越低,那么市场结构演进就越迅速,市场竞争就越明显;反之,市场结构的演进就越缓慢,市场垄断就愈明显。

1.2.2 我国零售业市场结构相关研究综述

(1) 我国零售业市场结构的影响因素

我国选择关于零售业市场结构的影响因素一般均采用 SCP 范式分析方法。有代表性的观点包括:

史世鹏(2002)①认为市场结构形态面临着一系列相互关系,影响其变化的因素含有多重复杂的问题。但从内生变量的角度看,影响市场结构形态的主要因素为规模经济、进入障碍和生产分布。第一,规模经济。其核心问题集中在生产费用和交易费用两方面。由生产某种产品所特有的技术和设备所决定的经济生产批量及由专业化分工所带来的高效率,决定了企业具有实现最低生产费用的规模经济性。随着企业规模的扩大,市场上交易费用的节约作用将遇到企业内部管理和监督成本上升的反作用,而当前一成本的节约与后一成本的提高相等时,交易费用就达到了一种均衡状态。即在企业内部组织一笔追加交易的费用刚好等于在市场上完成这笔交易的费用的地方,就是企业的边界。由此可见,规模经济对市场结构形态有着决定性影响。第二,进入障碍。现有企业对企图进入同一市场的潜在竞争者具有一定的优势,从而形成进入障碍。这种障碍主要来自四方面:一是规模经济;二是沉没成本,沉没成本越大,进入市场的风险就越大;三是法律和行政制度,如许可证的发放、营业执照的核发、经营范围和条件的限制、关税和非关税壁垒等;四是资本市场,限制资本流动可增大进入障碍。第三,生产分布。生产分布随经济发展而变化,其变化的原因主要来自三方面:一是市场容量,如果市场容量只允许少数企业达到最优生产规模,生产就趋于集中,反之则超于分散。随着市场容量的扩大,若各企业不能以相

① 史世鹏.论市场经济中的市场结构.财贸经济[J].2002:(12).

同的速度扩大生产,生产分布也将随之改变。二是科学技术发展使大规模生产往往具有明显的优势,从而促进了生产的集中。但并非科技的发展都有利于大规模生产,有些科学技术产业更适合中小企业的发展,有些新技术的发展则会加剧跨行业、跨产业的竞争,使生产趋于分散。三是具有竞争优势的企业,有更多的办法和更大的可能性积累资金,同时又比其他企业更容易获得贷款,这样的企业就有可能靠收购和兼并其他企业来扩大规模,最终都会使生产趋于集中。此外,政府政策对生产分布也有重大影响。

王德章(2004)①认为影响零售市场竞争格局的主要因素包括:第一,经济发展水平决定零售市场竞争格局;第二,市场导向与竞争导向的营销理论引导格局变化;第三,消费革命促成零售市场竞争格局;第四,市场国际化与合作及竞争影响零售市场竞争格局;第五,科学管理和政策导向。

杨永超(2006)②认为影响我国零售业市场结构变动的因素包括:外资零售企业的进入、本土零售企业整合、政府政策导向。

我国零售市场结构的影响因素可以归纳为图 1 - 2 所示。

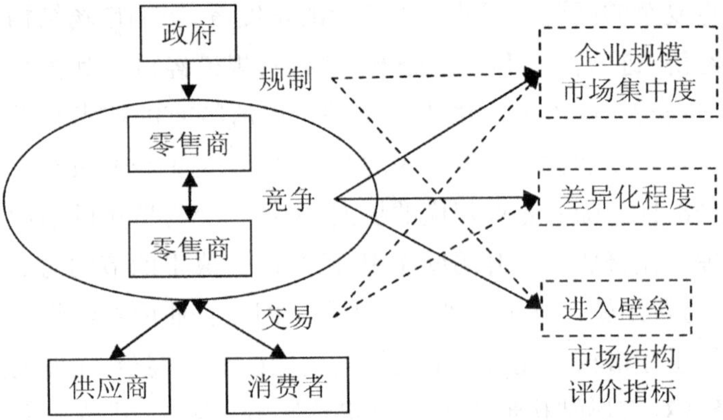

图 1 - 2　我国零售市场结构的影响因素

资料来源:根据相关文献整理绘制

(2)我国零售业市场结构的演进相关研究

杨永超(2006)认为:一是我国零售业市场的集中度不断提高,零售业始终保持快速发展。二是零售业市场竞争内容改变,外资零售业加快进入将使零售业市场竞争更加激烈,外资企业将从以投资建店为主向批发收购、兼并企业转

① 王德章等. 中国零售市场竞争格局与政策选择 [J]. 商业研究,2004:(2).

② 杨永超. 我国零售业市场结构发展趋势分析 [J]. 科技和产业,2006:(7).

移,企业间兼并重组步伐加快,竞争从商品层面逐渐向资本层面发展,零售业的兼并重组形成潮流,更多企业通过上市寻求做大规模。三是零售业企业的差异化逐步明显,零售业企业经营空间将发生重大变化,从单纯以实物消费为主转变为实物消费与服务消费并重阶段。娱乐、健身、休闲形成新的服务市场,并转向系统化竞争。信息化服务出现差异。零售业态将日益丰富、完善,业态创新和重组速度加快。便利店进入个性化发展,超市业态将进一步细分,专业店也将趋向细化,百货店将向精品化、专业化发展,无店铺销售在经济发达地区将快速发展。

夏春玉(2008)①利用拓展SCP范式(RSCP模型)对我国零售业的变迁与成长进行了分析。得出的主要结论是:第一,我国零售行业的规制政策经历了由有限的经济性规制到经济性规制、社会性规制和反垄断规制全面深化的过程。第二,30年来我国零售业的市场结构由近似完全竞争逐渐向垄断竞争的方向转变,主要表现为零售市场的集中度逐渐提高;零售业态多元化程度越来越高,但是百货店依然处于重要地位;行业进入壁垒逐渐提高;零售需求增幅逐渐趋于稳定。第三,改革开放初期至零售业对外开放以前,零售业市场竞争并不激烈,零售企业效益普遍较好。但是在零售业对外开放以后,受政府规制政策演进与市场集中度变化的影响,中国零售业市场竞争逐渐升级和加剧,零售企业开始逐渐调整价格策略和投资战略,普遍采取了降低价格和规模扩张的市场行为,并努力提高技术水平,同时与供应商的关系发生变化,这些都给零售企业的绩效带来了一定的影响,如恶性价格竞争导致零售企业利润率低下,类金融模式扩张、银行贷款或上市筹资扩张导致企业资产负债率偏高等。

(3)我国零售业市场结构的判断

我国学者通常是通过分析我国零售业的市场集中度、产品差异化和进入壁垒来对我国零售业市场结构进行判断。其中主要是利用时间序列数据计算我国零售业市场集中度,结合市场结构的市场集中度"贝恩分类法"来判断。

由于我国学者在计算零售业集中度数据的选取上存在分歧,所以对我国零售业市场结构的判断也存在较大差异。

---

① 夏春玉.中国零售业30年的变迁与成长[J].市场营销导刊,2008:(6).

①金永生(2002)[①]、李颖灏、彭星间(2006)[②]以全国零售业内最大的前4家或前8家年销售额之和占社会消费品零售总额的比例,计算 CR_4 或 CR_8,从而得出零售业市场集中度极低的原子型产业的结论。

②陈阿兴、陈捷(2004)[③]、赵凯(2007)[④]认为这种传统计算方法忽略了零售业地区市场的相对独立性以及零售业各种业态的分工互补性,得出的结论未必准确。所以要准确测量零售市场的集中度,应该就区域市场和各个零售业态分别计算集中度。刘云、魏喜武(2010)[⑤]使用2000—2008年中国零售产业的市场数据,利用产业组织理论和微观经济学理论对我国零售业市场结构进行了考察。发现我国零售业的市场结构接近于垄断竞争市场。

③夏春玉(2008)[⑥]认为在零售业发展的不同历史时期,市场集中度呈现显著的变化趋势。1978—1991年,零售业的市场集中度还是非常低的,这一时期的零售业市场可谓充分竞争市场。但是自从1992年零售业对外开放以来,零售市场的集中度增长迅速,2002—2007年间 CR_4 年均增幅超过25%。从区域零售业集中度看,10个GDP超过2000亿元人民币的大城市中,2006年有5个城市的 CR_4 都已经超过30%,上海的零售业 CR_4 甚至接近40%水平。判定这些区域的零售业市场已经不再是完全竞争的市场。从零售业态集中度看,超市、家电专业店等新兴业态的市场集中度已经非常高。2001—2006年间,超市业态的集中度 CR_4 都超过30%,2006年更是超过40%,说明超市业态垄断竞争的局面已经形成。百货店业态的集中度在2001—2004年间持续上升,2004年达到40.69%的最高值,百货店业态也已经形成了寡占局面,我国零售业市场已不再是完全竞争市场,在一些地区,一些零售业态上表现出明显的垄断竞争或寡头垄断态势。

简评:由于我国学者关于我国零售业市场结构的判断上市建立在SCP范式上的,最主要的是计算行业集中度的决定指标 CR_4 或 CR_8。并在计算零售业集中度时由于数据的选取上存在分歧,所以对我国零售业市场结构的判断也存在较大差异。对我国零售业市场结构分别判断为:竞争性、垄断竞争和(零售业

---

① 金永生.流通产业组织论[M].中国时代经济出版社,2002:68-70.

② 李颖灏,彭星间.我国零售业市场集中度的现状及对策[J].财贸经济,2006:(5).

③ 陈阿兴,陈捷.我国零售产业集中度的实证研究[J].产业经济研究,2004:(6).

④ 赵凯.对我国零售产业市场集中度的实证分析[J].财贸经济.2007:(1).

⑤ 刘云,魏喜武.经济学视角下的中国零售产业市场结构研究[J].贵州商业高等专科学校学报,2010:(6).(2).

⑥ 夏春玉.中国零售业30年的变迁与成长[J].市场营销导刊,2008:(6).

态)垄断竞争或寡头垄断。造成这种局面的原因有两个:客观上是我国零售业相关数据比较难以获取;主观上是相关研究工作仍停留在利用传统的SCP范式,而利用新产业组织理论的行为范式进行分析的较少。

1.2.3 零售业渠道冲突相关研究综述

(1)国外渠道冲突相关研究

①渠道冲突相关概念。

渠道冲突概念:国外渠道行为理论中,渠道冲突被定义为这样一种状态:一个渠道成员意识到另一个渠道成员正在阻挠或干扰自己实现目标或有效运作;或一个渠道成员意识到另一个渠道成员正在从事某种伤害,威胁其利益,或者以损害其利益为代价获取稀缺资源的活动。Mack & Snyder研究认为:冲突是一个渠道成员意识到其他渠道成员行为阻碍其目标达成的情形。而Pondy指出:所谓冲突不仅限于行为上发生的抗拒、摩擦,而且包括思想观念上的抵触,都可谓之冲突。

渠道冲突差异:Mangrath和Hardy根据分歧的强烈程度、重要程度和经常性,将冲突划分为三个层次,即高冲突区、中冲突区与低冲突区。而且,他们认为,渠道冲突的程度不同,对渠道的效率影响也有差异。但是相当部分学者都认为,渠道成员间的冲突实际上是无法避免的,而出现这种情况的原因恰恰是他们的相互依赖关系。

渠道权力的概念:与渠道冲突相关的另一个概念是渠道权力(Channel power)。西方理论界普遍认为,渠道权力是一个渠道成员对于另一个在同一渠道不同层次上的渠道成员的控制力或影响力。而且渠道权力来源于依赖,在被依赖与权力之间存在正相关关系。即一个渠道成员越被另一个渠道成员所依赖,这个渠道成员对于另一个渠道成员就拥有越大的权力(Etgar,1976;Brown等,1983;Skinner和Guiltinan,1985;Gassenheimer等,1994)。[①]

②渠道冲突的原因。

第一,渠道冲突的根源就在于渠道成员之间所固有的相互依存关系。渠道冲突可分为现实冲突和潜在冲突、病态冲突和建设性冲突等(Louis W. Stern和Adel I. EL Ansary,1996)。第二,导致渠道冲突的主要原因有目标不一致、角色不互补、资源稀缺、认识差异、期望差异、决策领域无共识和沟通不够等(Hunnt

① Berman. B. Marketing Channels [M]. John Wiley & Sons. Inc. 1996:(80-82).

S. B. 和 Nevin J. A. 1974；Gaski J. F. 1984）。第三，渠道冲突产生于渠道成员之间在目标、预期、价值观和对各自角色的认识等方面的差异。这方面的差异越大，渠道成员之间的冲突就越频繁、严重（Etegr 1979；Shoham A.；Rose. G. M. 和 Kropp F. 1997；Zetlin 和 Minda，2000）。[①]

（2）我国零售业渠道冲突相关研究

周殿昆（2008）[②]从组织化程度高低、渠道专用性资产多少、渠道成员的替代性强弱、渠道转化成本高低和渠道成员在渠道中的位置（上下游关系）等5个方面进行评估。得出大型零售商对供应商的依赖性弱，渠道权力强的结论。认为冲突频发的内因是渠道权力结构严重失衡，外因为制度环境有严重缺陷。并利用无限期轮流出价博弈模型解释供应商屈从和冲突显化的原因。

冲突频发的内因是渠道权力结构严重失衡：根据我国连锁营销渠道的状况，对国外渠道理论衡量渠道权力的方法做修改和补充，改为从渠道成员自身组织化程度高低、掌握渠道资源（专用性资产）多少、身份替代性强弱、渠道转换成本高低，以及在渠道中的位置和态势等5个方面，来评估各成员方依赖性强弱，判断其渠道权力大小。供应商与连锁公司之间的依赖性强弱，即根据渠道权力大小做具体分析：供应商处于分散化的无组织状态，而连锁公司则是产权归公司总部所有、实行集中统一管理的一体化组织，由此派生出供应商替代性强，转换成本高；而连锁公司替代性弱，转换成本低等特征。再加上，供应商是卖方，居渠道上游，处于被动态势；而连锁公司是买方，居渠道下游，处于主动态势，从而总体上形成了供应商依赖性很强，渠道权力过弱；连锁公司依赖性很弱，渠道权力超强的渠道权力结构特征。当制度环境存在缺陷，违约侵权无成本或低成本时，"经济人"的自利性，会驱使拥有超强渠道权力的连锁公司，随意侵犯供应商利益，于是渠道冲突便频繁发生。

1.2.4　供应商、大型零售商和顾客三赢价值链相关研究综述

（1）国外相关研究

①顾客价值。

迈克尔·波特（Michael Porter，1985）[③]在其著名的《竞争优势》中提出价值

---

① Zetlin. &. Minda. Channel Conflicts [J]. Computerworld. 2000：(34).

② 周殿昆. 渠道冲突频发原因及治理路径分析 [J]. 财贸经济，2008：(4).

③ 迈克尔·波特. 竞争优势 [M]. 陈小悦译. 北京：华夏出版社，1998：36－53.

链概念,用来更好地分析企业竞争优势,从而能够识别、创造更多的价值。波特认为,工业、商业和公共事业买方价值链与企业的价值链相类似,但家庭买方价值链的直观性要差得多,也重要得多。其中,波特的家庭买方链就是基于个人消费的顾客价值链。

Kotler(1984)①以客户让渡价值(Customer delivered value)来表示客户感知到的价值(Customer perceived value),顾客总价值与顾客总成本差距越大,顾客就能获得更大的让渡价值,从而获得较高的感知价值,顾客对产品或服务价值感知是在产品或服务的使用或消费的整个过程中逐渐形成的,其核心是感知利得(如质量、利益、效用等)与感知利失的权衡,这点得到了众多学者的认同(Ravald and Gronroos,1996; Christopher,1997; Parasuraman,1997)。②

Ravald 和 Gronroos(1996)③从企业与顾客关系的角度来研究和定义顾客价值,提出关系价值的概念,认为给予顾客的价值不是在货币和产品的交换中体现出来的,而是随着关系的发展而被创造和传递的。这是一种兼顾顾客、企业和利益相关群体的价值观点。企业与顾客通过建立、维系双方关系可以为双方创造和带来价值,强调的不是单独为企业或顾客创造价值,而是如何体现持久的双赢。

②价值创造。

与顾客价值概念相联系的是价值创造的概念,20 世纪末到 21 世纪初关于价值创造最为盛行的观点是:顾客价值内生于产品,发生在产品的制造过程,即交换价值。但这种观点很快受到了另一种观点的质疑:顾客价值产生于顾客一方,作为使用价值而存在,价值并不是由厂商创造的,而产生于价值生成的过程当中④。

Vargo 和 Lusch(2004)⑤采用服务主导(Service-dominant)逻辑,认为服务不

① Kolter. P. Marketing management: Analysis, Planning and Control [M]. 5ed. New Jersey: Prentice - Hall Inc. 1984.

② Parasuraman. Reflectionson. Gaining. Competitive. Advantage. through. Customer. Value [J]. The Academy of Marketing Science. 1997:(25)154 - 161.

③ Ravald, Gronroos. The value concept and relationship. marketing [J]. European Journal of Marketing. 1996, 30(2): P19 - 30.

④ Grenroos C. Adopting a Service Logic for Marketing [J]. Marketing Theory, 2006, 6(3):317 - 333.

⑤ Edvardsson B, Gustafsson A, Roos I. Service Portraits in Service Research: A Critical Review [J]. International Journal of Service Industry Management, 2005, 16(1):107 - 121.

单是一项活动和一种市场提供物，而且是一种价值创造。而后，Vargo 和 Lusch (2008)[①]认为顾客是价值的合作创造者。学者们开始把价值创造作为服务逻辑的核心问题进行讨论。

格罗鲁斯(Grenroos C. 2008)[②]认为服务逻辑至少有两方面的含义：顾客服务逻辑(顾客在日常活动中运用自备技能，利用企业提供的以及其他可利用的资源通过对服务的消费为自己创造价值的观念)和厂商服务逻辑(企业通过与顾客的互动，创造与顾客合作创造价值的机会，采用服务的观念和方法调整营销战略适应顾客对服务消费的价值创造的观念)，而且后者必须以前者为导向，两者之间互相影响且相互依存。格罗鲁斯认为使用价值决定交换价值，并从使用价值的角度分析了价值创造的主体，认为顾客是使用价值的创造者。

可以看出在产品主导逻辑、服务主导逻辑和服务逻辑的发展过程中，顾客的身份由价值的接受者(让渡价值)，价值的合作创造者(关系价值)，转变到价值创造者(使用价值)。在服务主导逻辑和服务逻辑中，顾客作为价值的合作创造者和使用价值的创造者时，已经参与了价值链的价值创造。但并没有从价值链整体考虑渠道收益分配问题。

③分工理论与双边市场理论。

从分工理论的角度更容易理解这种顾客(合作)参与价值链的创造的观点。从亚当·斯密确立了分工在经济学研究中的首要地位之后，经过马克思对斯密分工思想的批判继承，使得分工理论得到了很大发展。在古典经济学之后，分工理论在一段时间内淡出了主流经济学的视线，后来随着杨格、杨小凯、贝克尔、墨菲、罗默等人的努力，使得分工在经济学中的地位从某种意义上来说又在逐步回归(苗长青，2008)。[③] 新兴古典经济学代表人物杨小凯(1998，2001)[④][⑤]将每个人既是生产者又是顾客的存在，作为生产者有专业化经济，个人的专业化经济的总和是社会分工。在社会分工中，供应商、大型零售和顾客的身份是平等的。在供应商、大型零售商和顾客这一链条中：供应商专业化生产产品(产

① Vargo S. L, Lusch R. F. Service Dominant Logic: Continuing the Evolution [J]. Journal of the Academy of Marketing Science. 2008, 36(1): 1 - 10.

② [芬兰]. 格罗鲁斯. 服务逻辑的修正 - 基于价值创造的观点 [J]. 姚亚男，韦福祥(编译). 天津商业大学学报，2009:(2). 原载于 European Business Review. 2008(7). Vo. l. 20. No. 4.

③ 苗长青. 分工理论综述 [J]. 全国商情(经济理论研究)，2008:(1).

④ [澳]. 杨小凯. 经济学原理 [M]. 中国社会科学出版社，1998:44.

⑤ [澳]. 杨小凯等. 专业化与经济组织：一种新兴古典微观经济学框架 [M]. 经济科学出版社，2000(1):26.

品资源),大型零售商专业提供媒介交换服务(服务资源),顾客的专业化生产者身份表现不明显,只是表现出了作为专业生产者所实现的价值(货币资源,或称另一产品资源的货币表现)。在商品经济条件下,这些资源在所有者手中没有使用价值,是无用之物,需要进行交换;由于专业化经济的存在,分工提高效率,资源通过交换(价值实现)会增值。

双边市场(Two-sided markets)是指在市场上存在一个平台厂商(Platform),有两类不同的交易者位于平台的两边,需要通过平台,才能进行交易。双边市场必须具备三个条件,才能使之正常运行。第一,客户类型不同;第二,不同类型的交易方之间存在能够相互影响的外部性;第三,存在一个平台厂商,能够内化一类交易者对另一类交易者产生的外部性。①

双边理论中平台厂商(大型零售商)可以内化顾客对供应商的正外部性,也就是说,因此,可以说明平台厂商的收益来源之一是顾客创造的。

同样,分工理论和双边市场理论也没有从价值链整体考虑渠道收益分配问题。

(2)我国学者的相关研究

艾明华(2007)②认为顾客价值链是由创造顾客价值的交易过程和关系过程所形成的顾客感知价值的整体。顾客价值链将顾客价值分为交易价值和关心价值。其中,交易价值,是指顾客对整个交易过程(顾客的整个消费过程)中的每个交易片段的感知价值(包括感知利得和感知利失)的总和;关系价值,是指顾客对企业维系其长期关系过程中所做的各种努力的感知价值(包括感知利得和感知利失)的总和。对关系价值的感知是贯穿于顾客价值链的全过程的,这是因为关系价值本身就是一个过程价值。

应光荣(2006)③认为:消费是经济循环与社会和谐的起点与归宿,是循环经济与和谐社会的基础。消费力与生产力同等重要。经济学视域需要从生产转向消费,因为消费是经济的原动力,顾客是真正的投资者,应该与生产者共享利润,参与利润分配。

周殿昆(2006)④认为:判断一个跨组织的价值链是否成立的关键,是看链

---

① Rochet, J. and J, Tirole. Platform competition in two-sided markets [J]. Journal of European Economic Association, 2003(1):990 - 1029.

② 艾明华. 基于顾客价值链的顾客价值创造 [J]. 价值工程,2007:(10).

③ 应光荣. 消费创造价值.《新财经》[EB/OL]. http://finance.sina.com.cn.2006(3).

④ 周殿昆. 连锁公司快速成长的奥秘 [M]. 中国人民大学出版社,2006:307 - 308.

条中的企业和组织是否共同参与产品效用和价值的创造与实现。遵循这种判断标准分析由供应商、大型零售商和顾客组成的渠道，会发现它们之间相互依赖组成了一条完整的供应链，共同参与并完成了产品及效用、服务产出及价值的创造和实现过程，所以它们的价值链成立。首先，供应商生产产品及效用，为渠道创造新的附加价值提供了实物载体。其次，大型零售商和供应商之间实施大规模采购和供货，以节约大量交易费用的方式创造服务产出和新的附加价值。再次，大型零售商内部的物流业务，是生产活动在流通领域的延续，直接创造价值。最后，顾客大规模地踊跃购买，是大型零售商加快商品周转速度，扩大采购批量的必要前提条件。

周殿昆(2006)指出，成立的价值链成员之间，根据"经济人"理性假设，必然都要参与渠道价值链收益的分割，取得属于自己的那部分收益。在外部竞争性市场环境约束下，在各成员方都可以自由退出渠道合作关系的可置信威胁下，通过反复博弈，可以找到合理分割渠道收益的利益均衡点，建立三赢利益格局，形成"三赢价值链"。

简评：可以看出学者们对于价值创造的主要分歧在于顾客是否参与了价值创造。在产品主导逻辑、服务主导逻辑和服务逻辑的发展过程中，顾客的身份由价值的接受者（让渡价值），价值的合作创造者（关系价值），转变到价值创造者（使用价值）。在服务主导逻辑和服务逻辑中，顾客作为价值的合作创造者和使用价值的创造者时，已经参与了价值链的价值创造。但大多数研究没有从供应商、零售商和顾客形成的价值链考虑问题，没有从渠道收益共享角度考虑问题。只有周殿昆(2006)从价值链整体角度，分析了顾客参与渠道价值创造并应共享渠道收益。

2. 改革开放以来我国零售业发展和演进

改革开放为我国零售业的发展持续不断地注入动力,零售业取得了令人瞩目的成效。零售业在快速发展的过程中,在市场经济条件下,市场资源向优势零售企业聚集,逐步形成具有规模经济优势的大型零售商,从而推动零售业市场结构的演进。

2.1 改革开放为零售业发展持续注入动力

2.1.1 改革开放推动零售业快速发展

(1)经济持续增长,一方面源源不断地提供充足货源,促成市场形势实现由卖方市场向买方市场转变,构造了推动零售业发展的供给动力;另一方面,居民收入持续增长,构造了推动零售业发展的需求动力

①供给动力。改革开放以来,农业和工业取得了长足的发展,从不变价格看,1978 年至 2016 年农业产值扩大了 5.17 倍;工业产值的增加表现尤为突出,扩大了 50.15 倍;国内生产总值扩大了 32.29 倍。这些为我国零售业的快速发展注入了持续的动力。从中也可以看出,工业产值的增加较之农业产值的增加对零售业的促进作用更大(数据见表 2-1)。

表 2-1 1978—2016 年我国国内生产总值、第一产业产值和第二产业产值数据

年份	国内生产总值(亿元)	指数(1978 年=100)	第一产业(亿元)	指数(1978 年=100)	第二产业(亿元)	指数(1978 年=100)
1978	3678.7	100.0	1018.5	100.0	1755.2	100.0
1979	4100.5	107.6	1259	106.1	1925.4	108.2
1980	4587.6	116.0	1359.5	104.6	2204.7	122.8
1981	4935.8	122.0	1545.7	111.9	2269.1	125.1

续表

年份	国内生产总值（亿元）	指数（1978 年 = 100）	第一产业（亿元）	指数（1978 年 = 100）	第二产业（亿元）	指数（1978 年 = 100）
1982	5373.4	132.9	1761.7	124.8	2397.7	132.1
1983	6020.9	147.3	1960.9	135.1	2663	145.8
1984	7278.5	169.6	2295.6	152.6	3124.8	166.9
1985	9098.9	192.4	2541.7	155.4	3886.5	197.6
1986	10376.2	209.6	2764.1	160.5	4515.2	217.8
1987	12174.6	234.1	3204.5	168.1	5274	247.4
1988	15180.4	260.4	3831.2	172.3	6607.4	282.8
1989	17179.7	271.3	4228.2	177.6	7300.9	293.4
1990	18872.9	281.9	5017.2	190.7	7744.3	302.8
1991	22005.6	308.1	5288.8	195.2	9129.8	344.5
1992	27194.5	351.9	5800.3	204.2	11725.3	416.9
1993	35673.2	400.7	6887.6	213.7	16473.1	499.3
1994	48637.5	453.0	9471.8	222.2	22453.1	589.8
1995	61339.9	502.6	12020.5	233.1	28677.5	671.4
1996	71813.6	552.5	13878.3	244.9	33828.1	752.6
1997	79715	603.5	14265.2	253.3	37546	831.4
1998	85195.5	650.8	14618.7	262.0	39018.5	905.5
1999	90564.4	700.7	14549	269.2	41080.9	979.7
2000	100280.1	760.2	14717.4	275.4	45664.8	1072.6
2001	110863.1	823.6	15502.5	282.7	49660.7	1163.6
2002	121717.4	898.8	16190.2	290.3	54105.5	1278.8
2003	137422	989.0	16970.2	297.2	62697.4	1440.8
2004	161840.2	1089.0	20904.3	315.4	74286.9	1601.3
2005	187318.9	1213.1	21806.7	331.4	88084.4	1795.6
2006	219438.5	1367.4	23317	347.1	104361.8	2037.1
2007	270232.3	1562.0	27788	359.3	126633.6	2343.7
2008	319515.5	1712.8	32753.2	377.9	149956.6	2574.3
2009	349081.4	1873.8	34161.8	393.0	160171.7	2839.2
2010	413030.3	2073.1	39362.6	409.7	191629.8	3199.3
2011	489300.6	2270.8	46163.1	426.8	227038.8	3541.3
2012	540367.4	2449.2	50902.3	445.9	244643.3	3837.5

续表

年份	国内生产总值（亿元）	指数（1978 年 = 100）	第一产业（亿元）	指数（1978 年 = 100）	第二产业（亿元）	指数（1978 年 = 100）
2013	595244.4	2639.2	55329.1	462.9	261956.1	4144.0
2014	643974	2831.8	58343.5	481.7	277571.8	4450.4
2015	689052.1	3027.2	60862.1	500.5	282040.3	4726.2
2016	744127.2	3229.7	63670.7	517.0	296236	5015.1

资料来源：根据历年《中国统计年鉴》相关数据计算整理获得。绝对数按当年价格计算。指数按不变价格计算

②需求动力。改革开放以来，我国居民收入快速提高，成为推动零售业快速发展的需求动力。从不变价格看，1978 年至 2015 年我国城镇居民家庭人均可支配收入扩大了 13.96 倍；农村居民家庭人均纯收入扩大了 15.10 倍。从扩大倍数来看，城镇居民和农村居民收入扩大基本相当，但是由于城镇居民收入基数较农村居民高（1978 年城镇人均收入为 343.4 元，农村人均收入为 133.6 元），因此城镇居民收入增长更多，对零售业快速发展的促进作用更大（数据见表 2－2）。

表 2－2　1978—2016 年我国城镇居民、农村居民收入及恩格尔系数数据

年份	城镇居民家庭			农村居民家庭		
	人均可支配收入绝对数（元）	指数（1978 = 100）	恩格尔系数（%）	人均纯收入绝对数（元）	指数（1978 = 100）	恩格尔系数（%）
1978	343.4	100.0	57.5	133.6	100.0	67.7
1979	387.0	112.7	57.2	160.2	119.2	64.0
1980	477.6	127.0	56.9	191.3	139.0	61.8
1981	491.9	127.6	56.7	223.4	160.4	59.9
1982	526.6	133.9	58.7	270.1	192.3	60.7
1983	564.0	140.6	59.2	309.8	219.6	59.4
1984	651.2	158.1	58.0	355.3	249.5	59.2
1985	739.1	160.4	53.3	397.6	268.9	57.8
1986	899.6	182.5	52.4	423.8	277.6	56.4
1987	1002.2	186.9	53.5	462.6	292.0	55.8
1988	1181.4	182.5	51.4	544.9	310.7	54.0
1989	1375.7	182.8	54.4	601.5	305.7	54.8
1990	1510.2	198.1	54.2	686.3	311.2	58.8

续表

年份	城镇居民家庭			农村居民家庭		
	人均可支配收入绝对数(元)	指数(1978 = 100)	恩格尔系数(%)	人均纯收入绝对数(元)	指数(1978 = 100)	恩格尔系数(%)
1991	1700.6	212.4	53.8	708.6	317.4	57.6
1992	2026.6	232.9	53.0	784.0	336.2	57.6
1993	2577.4	255.1	50.3	921.6	346.9	58.1
1994	3496.2	276.8	50.0	1221.0	364.3	58.9
1995	4283.0	290.3	50.1	1577.7	383.6	58.6
1996	4838.9	301.6	48.8	1926.1	418.1	56.3
1997	5160.3	311.9	46.6	2090.1	437.3	55.1
1998	5425.1	329.9	44.7	2162.0	456.1	53.4
1999	5854.0	360.6	42.1	2210.3	473.5	52.6
2000	6280.0	383.7	39.4	2253.4	483.4	49.1
2001	6859.6	416.3	38.2	2366.4	503.7	47.7
2002	7702.8	472.1	37.7	2475.6	527.9	46.2
2003	8472.2	514.6	37.1	2622.2	550.6	45.6
2004	9421.6	554.2	37.7	2936.4	588.0	47.2
2005	10493.0	607.4	36.7	3254.9	624.5	45.5
2006	11759.5	670.7	35.8	3587.0	670.7	43.0
2007	13785.8	752.5	36.3	4140.4	734.4	43.1
2008	15780.8	815.7	37.9	4760.6	793.2	43.7
2009	17174.7	895.4	36.5	5153.2	860.6	41.0
2010	19109.4	965.2	35.7	5919.0	954.4	41.1
2011	21809.8	1046.3	36.3	6977.3	1063.2	40.4
2012	24564.7	1146.7	36.2	7916.6	1176.9	39.3
2013	26955.1	1227.0	30.1	8895.9	1286.4	34.1
2014	29381.0	1310.5	30.0	9892.0	1404.7	33.6
2015	31790.3	1396.9	29.7	10772.0	1510.1	33.0
2016	33616.2	–	29.3	12363.4	–	32.2

资料来源：根据历年《中国统计年鉴》相关数据计算整理获得。绝对数按当年价格计算。指数按不变价格计算。2016 年起《中国统计年鉴》不再推算指数。

1978 年至 2016 年我国城镇居民家庭恩格尔系数由 57.5% 下降至 29.3%；农村居民家庭恩格尔系数由 67.7% 下降至 32.2%。恩格尔系数的下降说明居民消费中食物消费所占比重下降，当人们的温饱问题解决后，消费向更高层次发展，从而为我国零售业快速发展持续提供了需求动力。

1982 年至 2016 年我国人口及按年龄分组，15 岁至 64 岁人口比重呈增加趋势。由 1982 年的 61.5%，增加到 2016 年的 72.5%（数据见表 2－3）。这一分组人群正是消费需求最大的人群。消费需求最大的人群比重持续增加，从需求角度推动了我国零售业快速发展。

表 2－3　1982—2016 年我国人口及按年龄分组数据

年份	总人口（年末）（万人）	按年龄分组					
		0—14 岁		15—64 岁		65 岁及以上	
		人口数	比重（%）	人口数	比重（%）	人口数	比重（%）
1982	101654	34146	33.6	62517	61.5	4991	4.9
1987	109300	31347	28.7	71985	65.9	5968	5.4
1990	114333	31659	27.7	76306	66.7	6368	5.6
1995	121121	32218	26.6	81393	67.2	7510	6.2
1996	122389	32311	26.4	82245	67.2	7833	6.4
1997	123626	32093	26.0	83448	67.5	8085	6.5
1998	124761	32064	25.7	84338	67.6	8359	6.7
1999	125786	31950	25.4	85157	67.7	8679	6.9
2000	126743	29012	22.9	88910	70.1	8821	7.0
2001	127627	28716	22.5	89849	70.4	9062	7.1
2002	128453	28774	22.4	90302	70.3	9377	7.3
2003	129227	28559	22.1	90976	70.4	9692	7.5
2004	129988	27947	21.5	92184	70.9	9857	7.6
2005	130756	26504	20.3	94197	72.0	10055	7.7
2006	131448	25961	19.8	95068	72.3	10419	7.9
2007	132129	25660	19.4	95833	72.5	10636	8.1
2008	132802	25166	19.0	96680	72.7	10956	8.3
2009	133450	24659	18.5	97484	73.0	11307	8.5
2010	134091	22259	16.6	99938	74.5	11894	8.9
2011	134735	22164	16.5	100283	74.4	12288	9.1
2012	135404	22287	16.5	100403	74.1	12714	9.4
2013	136072	22329	16.4	100582	73.9	13161	9.7
2014	136782	22558	16.5	100469	73.4	13755	10.1
2015	137462	22715	16.5	100361	73.0	14386	10.5

续表

年份	总人口（年末）（万人）	按年龄分组					
		0—14 岁		15—64 岁		65 岁及以上	
		人口数	比重（%）	人口数	比重（%）	人口数	比重（%）
2016	138271	23008	16.7	100260	72.5	15003	10.8

资料来源：根据历年《中国统计年鉴》相关数据计算整理获得

（2）鼓励私人经商，农村人口向城市转移，深化国有企业改革，在创业者（企业家）、从业人员方面为零售业发展和市场演进注入了动力

①高素质的创业者（企业家）是中国零售企业不断成长的内生因素。中国零售企业在成长的过程中企业家的作用是不可忽略的，可以说大型连锁零售企业的成长离不开中国高素质的企业家，中国具有一定竞争力的大型连锁零售企业的成长总是和某个企业家紧密相连，苏宁电器的张近东、步步高集团的王填、新一佳集团的李彬兰就是很好的佐证。企业家以其特有的魅力、智慧和创新精神，为企业发展明确目标、制定战略、超前管理。设计未来，制定发展战略和竞争战略，是一种创新性活动，充满着企业家的智慧和胆识。企业家在这方面所起的作用关系着企业的兴衰存亡。正确的战略决策，为企业的发展和增长明确了目标、方向，确定了资源配置的优先序。是企业持续经营与成长壮大的关键所在。企业家以自身的人格魅力和科学有效的管理，激励员工热情，导演企业成长。企业家以其特有的敏感和艺术能力去获取信息、运用信息和生产信息，为企业竞争导航。优秀的企业家能及时获取准确有效的信息，能够正确地判断和推理、运用信息，能够正确地做出决策、生产信息。从而能够在市场竞争中回避风险、捕捉机遇，取得竞争优势，驾驭市场竞争。企业家是先进理念、优秀的企业文化倡导者。优秀企业文化的凝聚力作用、激励作用及协调作用是企业成长所必须的。因而可以说高素质的企业家是中国零售企业成长的内生因素。

②中国的城市化率的稳步提高为零售业快速发展提供了充足的从业人员。城市化率（也称为城镇化率）是城市化的度量指标，一般采用人口统计学指标，即城镇人口占总人口（包括农业与非农业）的比重。中心城区、县（市、区）及建制镇，凡列入城镇建设规划且城区建设已延伸到乡镇、居委会及村委会并已实现水、电、路“三通”的，都纳入市镇人口计算，这样能客观反映城市化进程。1978 年，我国的城市化率为 17.92%。中国城市人口总量在 2003 年为世界的 17%，已居世界第 1 位。根据 2010 年 11 月 1 日零时为标准时点进行的第六次全国人口普查，我国大陆 31 个省、自治区、直辖市和现役军人的人口中，居住在

城镇的人口为665978万人，占49.95%；居住在乡村的人口为67113万人，占50.05%。同2000年第五次全国人口普查相比，城镇人口比重上升13.46个百分点。[①] 根据国家统计局数据，2016年年末，从城乡结构看，城镇人口79298万人，比上年年末增加2182万人；乡村人口58973万人，减少1373万人；城镇人口占总人口比重达到57.35%，比上年年末提高1.25个百分点。根据联合国的估测，世界发达国家的城市化率在2050年将达到86%，我国的城市化率在2050年将达到72.9%。农村剩余劳动力的转移，城市人口比重的增加，为我国零售业快速发展提供了充足的就业者资源。（数据见表2-4）

表2-4　1978—2016年我国人口按城乡分组数据

年份	城镇人口数（万人）	比重（%）	乡村人口数（万人）	比重（%）
1978	17245	17.92	79014	82.08
1979	18495	18.96	79047	81.04
1980	19140	19.39	79565	80.61
1981	20171	20.16	79901	79.84
1982	21480	21.13	80174	78.87
1983	22274	21.62	80734	78.38
1984	24017	23.01	80340	76.99
1985	25094	23.71	80757	76.29
1986	26366	24.52	81141	75.48
1987	27674	25.32	81626	74.68
1988	28661	25.81	82365	74.19
1989	29540	26.21	83164	73.79
1990	30195	26.41	84138	73.59
1991	31203	26.94	84620	73.06
1992	32175	27.46	84996	72.54
1993	33173	27.99	85344	72.01
1994	34169	28.51	85681	71.49
1995	35174	29.04	85947	70.96
1996	37304	30.48	85085	69.52
1997	39449	31.91	84177	68.09
1998	41608	33.35	83153	66.65

① 2010年第六次全国人口普查主要数据公报。

续表

年份	城镇人口数(万人)	比重(%)	乡村人口数(万人)	比重(%)
1999	43748	34.78	82038	65.22
2000	45906	36.22	80837	63.78
2001	48064	37.66	79563	62.34
2002	50212	39.09	78241	60.91
2003	52376	40.53	76851	59.47
2004	54283	41.76	75705	58.24
2005	56212	42.99	74544	57.01
2006	58288	44.34	73160	55.66
2007	60633	45.89	71496	54.11
2008	62403	46.99	70399	53.01
2009	64512	48.34	68938	51.66
2010	66978	49.95	67113	50.05
2011	69079	51.27	65656	48.73
2012	71182	52.57	64222	47.43
2013	73111	53.73	62961	46.27
2014	74916	54.77	61866	45.23
2015	77116	56.1	60346	43.9
2016	79298	57.35	58973	42.65

资料来源:根据历年《中国统计年鉴》相关数据计算整理获得

(3)扩大对外开放,移植国外先进制度,为零售业快速发展提供了制度创新动力

1992年7月,国务院同意先在北京、上海、广州、天津、大连、青岛6个城市和深圳、珠海、汕头、厦门、海南5个经济特区,各试办1—2个中外合资或合作经营的商业零售企业,项目由地方政府或国务院审批。1999年至2004年是加入WTO后的过渡期。在过渡期,外商表现出极大的兴趣和投资热情,外商投资商业领域总体表现为“三多”:一是投资项目多;二是著名跨国公司多;三是进入中国经济发达地区的多。2004年以来,中国零售市场全面对外开放,外资扩张加快,表现在:一是网点增加快;二是向二、三级城市延伸;三是并购的步伐加快。截至2010年12月31日,家乐福中国内地门店总计176家(已关闭3家门店不包括在总门店数中),沃尔玛门店总计224家。有购物广场、山姆会员商店、社区店、惠选折扣店、惠选超市五种形态。其中沃尔玛购物广场214家,山

姆会员商店6家,社区店2家,惠选折扣店2家,惠选超市1家。TESCO旗下在华连锁大卖场TESCO乐购在中国的总数突破90家,分布于上海、北京、天津、沈阳、杭州、广州、深圳等39个城市,主要覆盖华北(包括北京和天津)、华东(包括上海)及华南(包括广州)三大区域。大润发在华内地门店总数达到143家。[①] 2016年上半年,沃尔玛、家乐福国内门店总数分别达到365家、230家。[②] 这些著名零售企业在华店铺的开设,为中国国内零售企业树立了就近学习经营管理经验的样板。我国零售企业移植国外先进制度,为零售业快速发展提供了制度创新动力。

(4)向市场经济转型,稳固买方市场形势形成,构造了推动零售业快速发展和市场演进优胜劣汰竞争机制

①稳固买方市场形势形成。改革开放以来,随着社会生产力水平的提高,商品供给日益充裕。20世纪的最后几年,大体上是1997年后,随着经济调整的"软着陆"成功,出现了"高增长、低通胀"的良好发展态势,我国以短缺经济为特征的卖方市场初步转变为买方市场,并于20世纪90年代末确立了稳固的买方市场形势。国家内贸局商业信息中心对600余种商品的供求情况排队分析表明,从1998年上半年起,这些商品的供求关系发生了历史性的变化,主要工农业产品,无论是消费资料或是生产资料,基本供给层面上的商品已不存在供不应求,以往一些供应紧张的商品已经变为供求平衡或供过于求。稳固的具体表现是,相当多的工农业产品生产能力过剩,开工不足,一旦需求扩大,供求形势变化,很快就能增加供给,继续维持供求平衡与供大于求的格局。从1998年起,许多商品供过于求的状况愈演愈烈,1999年下半年,25大类商品中就有14类商品供过于求,所占比例比上半年又有所增加。在生产资料领域,由于前些年累积的生产能力过大,新增资源快速增长,总体市场货源充裕,继续为供大于求的买方格局。以往制约经济发展的所谓"瓶颈"已开始发生变化,交通运输能力出现了一定的闲置,电力在一些地区已供大于求。在买方市场条件下,社会商品库存不断增加,国家战略物资储备量也达到历史最高水平。在供求排队的商品中,穿着商品自1991年起,全部转为供求平衡或供过于求。用的商品、吃的商品也先后于1996年和1997年下半年全部转为供求平衡和供过于求。生

① 2010年外资零售巨头在中国的发展数据[EB/OL]. 中国商报,http://www.askci.com/news/2011-08/19/71276082.shtml.

② 七大超市中国门店分布:沃尔玛、永辉、华润占据前三[EB/OL]. 盈石集团研究中心,http://news.winshang.com/html/058/8333.html.

产资料的需求是派出需求，消费品的供求关系必然要反映到生产资料市场上。随着卖方市场向买方市场转变，居民消费心理也趋向正常，理智消费、按需选购已成为主要的消费行为。

②稳固买方市场形势形成零售企业之间优胜劣汰竞争机制。稳固买方市场形势下，重复建设与存货增加，势必导致卖方的激烈竞争以致竞争过度。市场经济中的竞争规律表明，众多卖方之间虽然在和买方相对立时有可能成为伙伴，特别是在求大于供时，卖者都会共同努力，力图按照高昂的市场价格来出售。但在供大于求、销售困难时，只要自己这一方变成劣势的一方，而每个人都力图找到最好的出路，共同行动就会停止。尽管他的做法，不仅影响他自己，而且也影响到他所有的同伙。20 世纪 90 年代虽然有一些行业已从单纯的价格竞争转向非价格竞争，但在更多的场合，仍然是价格大战愈演愈烈。在家电市场上，1996 年以后，降价促销已成为主旋律，彩电、VCD、微波炉等商品价格都频繁下调，几年间，价格降低幅度多在 50% 以上。打折甩卖是另一种形式的降价，全场九折、八折已成为一些大商场的时髦用语。有些商业、供销企业为了让商品变为货币，缓解资金不足的矛盾，纷纷搞起有奖销售活动。激烈的竞争使得一些劣势零售企业无法维持，最终倒闭，存在并持续发展的都是在某方面具有一定优势的企业。

可见，稳固买方市场的形成，为零售企业快速发展创造了比较宽松的外部环境，构造了市场演进优胜劣汰竞争机制。

2.1.2 我国零售业快速发展成效分析

改革开放 40 年来，我国经济迅速发展和持续增长。零售业对外开放和外资零售企业的进入，给中国零售业带来了新的零售业态、营销理念，给消费者带来新的消费模式。我国零售企业积极模仿借鉴国外先进经验，对我国零售业产生深远影响。其中包括连锁经营方式的导入和推广，它把工业化大生产中因专业化、规模化而取得的优势导入了零售业。这些是我国零售业保持高速增长的动力，也是我国零售业市场结构演进的动力。在我国零售业市场演进的过程中，零售业得到了飞速的发展，取得了令人瞩目的成效。不但零售业行业成效显著；而且随着零售业的发展，产生的社会效益显著提高。

(1)零售业行业成效显著

①零售业发展迅速,零售企业法人数、销售收入与营业面积[①]快速增长。2002 年至 2016 年,我国限额以上零售企业法人数、销售收入与营业面积增长迅速,平均增长速度分别为 17.38%、24.27% 和 16.52%(数据见表 2-5)。这种超高速的增长在世界零售业的发展过程中也是不多见的,令世人瞩目。

表 2-5 2002—2016 年我国限额以上零售企业法人数、销售收入与营业面积数据

年份	法人数(个)	增长速度(%)	销售收入(亿元)	增长速度(%)	年末零售营业面积(万平方米)	增长速度(%)
2002	11343		6460.64			
2003	12403	9.34	8199.37	26.91		
2004	16569	33.59	11695.11	42.63		
2005	20735	25.14	15190.86	29.89	7375.8	
2006	23663	14.12	18670.82	22.91	12397.6	68.08
2007	26691	12.80	22951.30	22.93	16091.1	29.79
2008	41503	55.49	33186.18	44.59	19075.5	18.55
2009	42615	2.68	38600.00	16.31	22727.9	19.15
2010	52306	22.74	51115.52	32.42	26189.8	15.23
2011	58471	11.79	71824.9	40.51	21227.8	-18.95
2012	65921	12.74	83441.3	16.17	25134.9	18.41
2013	80366	21.91	98487.3	18.03	28827.5	14.69
2014	87652	9.07	110641.4	12.34	31255.8	8.42
2015	91258	4.11	114255.3	3.27	32651.3	4.46
2016	98305	7.72	126612.3	10.82	33905.3	3.84
平均	48653.40	17.38	54088.82	24.27	23071.69	16.52

资料来源:根据历年《中国统计年鉴》相关数据计算整理获得。

2002 年至 2016 年我国限额以上零售企业法人数快速增加,2016 年限额以上零售企业法人数达到 98305 个,比 2002 年净增加 86962 个,扩大了 8.67 倍,年平均增长速度为 17.38%。销售收入快速增加,2016 年我国限额以上零售企业年销售收入达到 126612.3 亿元,比 2002 年净增加 120151.66 亿元,扩大了

① 改革开放以来,我国关于零售业统计指标选取有较大变动。国家统计局 1997 年后不再公布商业网点数据,2002 年开始公布限额以上连锁零售企业门店数、营业面积等相关数据,2005 年开始公布限额以上零售企业营业面积等数据。综合考虑使用就近数据和统计口径一致性原则,本节选取 2002—2016 年相关数据。

19.60倍，年平均增长速度为24.27%。2005年至2016年我国限额以上零售企业营业面积快速增加，2016年年末零售营业面积达到33905.3万平方米，比2005年净增加26529.5万平方米，扩大了4.60倍，年平均增长速度为16.52%。

其间，我国限额以上连锁零售企业在发展速度上表现尤为突出。限额以上连锁零售企业门店数、营业面积和销售额增长迅猛（数据见表2-6）。

2002年至2016年我国限额以上连锁零售企业门店总数快速增加，2016年门店总数达到232444个，比2002年净增加146046个，扩大了7.56倍，年平均增长速度为17.57%。营业面积快速增加，2016年我国限额以上连锁零售企业年末零售营业面积达到17960.1万平方米，比2002年净增加16227.09万平方米，扩大了10.36倍，年平均增长速度为22.13%。销售额快速增加，2016年我国限额以上连锁零售企业年末销售额达到35922.9亿元，比2002年净增加33264.59亿元，扩大了13.51倍，年平均增长速度为23.71%。

表2-6　2002—2016年我国限额以上连锁零售企业门店数、营业面积和销售额

年份	门店总数（个）	增长速度（%）	年末零售营业面积（万平方米）	增长速度（%）	商品销售额（亿元）	增长速度（%）
2002	30746		1733.0		2658.3	
2003	46517	51.29	2780.2	60.43	4258.6	60.20
2004	54891	18.00	3517.1	26.50	5580.7	31.04
2005	105684	92.53	8687.5	147.01	12587.8	125.56
2006	128924	21.99	8979.0	3.36	14952.2	18.78
2007	145366	12.75	10044.0	11.86	17754.3	18.74
2008	168502	15.92	10197.8	1.53	20466.5	15.28
2009	175677	4.26	11809.2	15.80	22240.0	8.67
2010	176792	0.63	12756.8	8.02	27385.4	23.14
2011	195779	10.74	13670.7	7.16	34510.7	26.02
2012	192870	-1.49	14765.9	8.01	35462.1	2.76
2013	204090	5.82	15640.3	5.92	38006.9	7.18
2014	206415	1.14	16221.3	3.71	37340.6	-1.75
2015	209812	1.65	16862.4	3.95	35400.4	-5.20
2016	232444	10.79	17960.1	6.51	35922.9	1.48
平均	151633.93	17.57	11041.68	22.13	22968.49	23.71

资料来源：根据历年《中国统计年鉴》相关数据计算整理获得。

我国限额以上连锁零售企业与限额以上零售企业可比数据比较，年末零售营业面积年平均增长速度高出 5.61 个百分点，销售额年平均增长速度基本持平。

②我国限额以上零售企业与限额以上连锁零售企业零售业从业人数以较快速度增长（数据见表 2－7）。

表 2－7 2002—2016 年我国限额以上零售法人企业与连锁法人企业从业人员数据

年份	法人企业从业人员（万人）	增长速度（%）	连锁法人企业从业人数（万人）	增长速度（%）
2002	224.63		63.3	
2003	228.11	1.55	92.4	45.97
2004	261.58	14.67	105.6	14.29
2005	295.05	12.80	160.1	51.61
2006	319.44	8.27	187.1	16.86
2007	355.34	11.24	186.19	－0.49
2008	422.07	18.78	197.08	5.85
2009	436.71	3.47	210.88	7.00
2010	501.3	14.79	225.16	6.77
2011	527.6	5.25	249.1	10.61
2012	575.2	9.02	256.3	2.93
2013	655.3	13.93	255.9	－0.16
2014	681.9	4.06	250.2	－2.26
2015	682.8	0.13	248.1	－0.84
2016	697.7	2.18	245.0	－1.24
平均	457.65	8.58	195.49	11.21

资料来源：根据历年《中国统计年鉴》相关数据计算整理获得。

2002 年至 2016 年我国限额以上零售企业从业人数快速增加，2016 年从业人数达到 697.7 万人，比 2002 年净增加 473.07 万人，扩大了 3.11 倍，年平均增长速度为 8.58%。

我国限额以上连锁零售企业从业人数在 2002 年至 2016 年，增加速度更快，2016 年从业人数达到 195.49 万人，比 2002 年净增加 181.69 万人，扩大了 3.87 倍，年平均增长速度为 11.21%，比限额以上零售企业平均增长速度高出 2.63 个百分点。

③我国限额以上零售企业利润率与经营效率显著提高。[①]（数据见表2－8）

表2－8　2002—2016年我国限额以上零售法人企业利润率和总资产周转率数据

年份	利润率(%)	增长速度(%)	总资产周转率(次/年)	增长速度(%)
2002	4.94		1.39	
2003	4.22	-14.57	1.48	6.47
2004	6.59	56.16	1.64	10.81
2005	8.95	35.81	1.8	9.76
2006	9.39	4.92	1.87	3.89
2007	9.44	0.53	1.94	3.74
2008	11.82	25.21	2.03	4.64
2009	10.84	-8.29	1.98	-2.46
2010	10.5	-3.14	2.08	5.05
2011	10.79	2.80	2.04	-1.80
2012	10.66	-1.28	1.93	-5.70
2013	11.44	7.35	1.94	0.67
2014	11.03	-3.55	1.91	-1.75
2015	11.18	1.32	1.86	-2.50
2016	11.27	0.84	1.83	0.84
平均	9.54	7.44	1.85	2.26

资料来源：根据历年《中国统计年鉴》相关数据计算整理获得。

2002年至2016年我国限额以上零售企业利润率大幅增长，2016年利润率达到11.27%，比2002年净增加6.33个百分点，扩大了2.28倍，年平均增长速度为7.44%。

2002年至2016年我国限额以上零售企业总资产周转率显著提高，2016年总资产周转率达到1.83次/年，比2002年净增加0.44次/年，扩大了1.31倍，年平均增长速度为2.26%。

④培育了一批企业规模较大的零售企业。

伴随着零售业的快速发展，我国一些零售企业快速成长，企业规模持续扩大。在市场规模、总资产等方面已经形成了一批可以与外资（包括外资零售企业和港澳台零售企业）相匹敌的内资大型零售企业。以销售收入为例，

① 由于统计年鉴关于我国限额以上连锁零售企业的利润率数据2003年以后没有公布。此处仅以限额以上零售企业利润率与经营效率数据来说明我国零售业利润率成效。

1999 年至2015 年按注册类型分，内资股份有限零售企业平均销售收入增长迅速，至 2012 年，已与外资零售企业持平，随后的几年至今甚至超过。（见图 2－1）

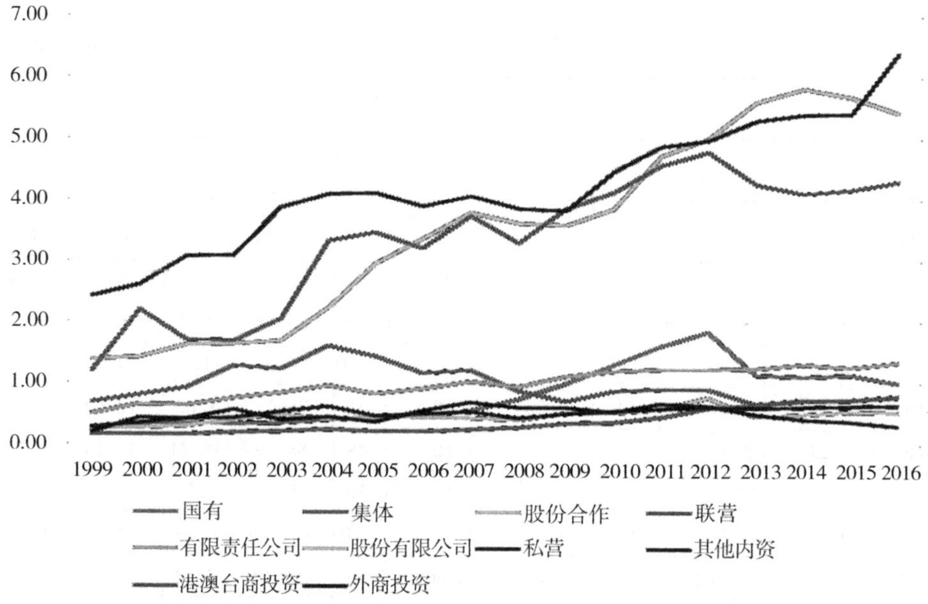

图 2－1　1999—2016 年按注册类型分我国零售企业平均销售收入（单位：亿元/个）

资料来源：根据历年《中国统计年鉴》相关数据计算整理绘制。

（2）社会效益显著提高

我国零售业的发展产生了显著的社会效益，主要表现在：零售业对居民服务水平显著提高，零售业促进我国商品流通速度提高和零售业吸纳劳动就业水平显著提高。

①我国零售业的快速发展，使其对我国居民服务水平显著提高。（数据见表 2－9）①

2002 年至 2016 年我国居民每千人享有限额以上零售法人企业服务人员数目显著提高，2016 年达到 5.05 人，比 2002 年净增加 3.30 人，扩大了 2.89 倍，年平均增长速度为 8.01%。我国居民每千人享有限额以上零售法人企业营业面积显著提高，2016 年达到 245.21 平方米，比 2005 年净增加 188.80 平方米，

① 统计数据中没有单独列出零售业从业人员数目，1997 年后不再公布商业网点数据，这里使用我国居民每千人享有限额以上零售法人企业服务人员、营业面积和限额以上连锁零售企业服务人员数、店铺数、营业面积，显示零售业对我国居民服务水平的提高趋势。

扩大了4.35倍,年平均增长速度为15.93%。

表2-9　2002—2016年我国零售业对居民服务水平相关数据

年份	相对于限额以上法人零售企业				相对于限额以上连锁零售企业					
	千人享有零售服务人员(人)	增长速度(%)	千人零售营业面积(m^2)	增长速度(%)	千人享有零售服务人员(人)	增长速度(%)	千人零售营业面积(m^2)	增长速度(%)	千人拥有零售店铺(个)	增长速度(%)
2002	1.75				0.49		13.49		2.39	
2003	1.77	0.94			0.72	45.10	21.51	59.47	3.60	50.39
2004	2.01	14.00			0.81	13.62	27.06	25.76	4.22	17.31
2005	2.26	12.13	56.41		1.22	50.72	66.44	145.56	8.08	91.40
2006	2.43	7.70	94.32	67.20	1.42	16.25	68.31	2.81	9.81	21.35
2007	2.69	10.67	121.78	29.12	1.41	-1.00	76.02	11.28	11.00	12.17
2008	3.18	18.18	143.64	17.95	1.48	5.31	76.79	1.02	12.69	15.33
2009	3.27	2.97	170.31	18.57	1.58	6.48	88.49	15.24	13.16	3.75
2010	3.74	14.24	195.31	14.68	1.68	6.26	95.14	7.51	13.18	0.15
2011	3.92	4.74	157.55	-19.33	1.85	10.10	101.46	6.65	14.53	10.21
2012	4.25	8.48	185.63	17.82	1.89	2.38	109.05	7.48	14.24	-1.97
2013	4.82	13.37	211.85	14.13	1.88	-0.65	114.94	5.40	15.00	5.30
2014	4.99	3.52	228.51	7.86	1.83	-2.73	118.59	3.18	15.09	0.61
2015	4.97	-0.36	237.53	3.95	1.80	-1.33	122.67	3.44	15.26	1.14
2016	5.05	1.58	245.21	3.23	1.77	-1.83	129.89	5.89	16.81	10.14
平均	3.40	8.01	170.67	15.93	1.46	10.62	81.99	21.48	11.27	16.95

资料来源:根据历年《中国统计年鉴》相关数据计算整理获得。

连锁零售企业对我国居民服务水平的提高更为快速。2002年至2016年我国居民每千人享有限额以上连锁零售企业服务人员数目显著提高,2016年达到1.77人,比2002年净增加1.28人,扩大了3.60倍,年平均增长速度为10.62%。我国居民每千人享有限额以上连锁零售企业营业面积显著提高,2016年达到129.89平方米,比2002年净增加116.40平方米,扩大了9.63倍,年平均增长速度为21.48%。2002年至2016年我国居民每千人享有限额以上连锁零售企业店铺数目显著提高,2016年达到16.81个,比2002年净增加14.42个,扩大了7.02倍,年平均增长速度为16.95%。

②零售业促进我国商品流通速度加快。商品流通速度,是反映流通效率的重要指标之一,是指一定时期内(通常为1年),流通资本实现一定数额商品的

频率，它反映了要完成一定的商品价值所必需的流通资本循环次数。因此，商品流通速度也可以看作流通资本的周转率。由于我国流通企业资本总额70%左右是流动资产，因而，流动资产的周转率基本上可以反映商品流通速度。[①] 流动资产的周转率计算公式为：

流动资产周转率 = 商品销售总额/流动资产总额

1999年至2016年我国零售业流动资产周转率由2.23次/年提到2.73次/年，平均值为2.82次/年。与同期工业流动资产周转率比较会发现，零售业的商品流通速度均高于工业商品流通速度，平均是其1.31倍。表明零售业对我国商品流通速度的贡献要高于工业对商品流通速度的贡献。(数据见表2－10)

表2－10 1999—2016年我国零售业与工业流动资产周转率比较

年份	零售流动资产周转率(次/年)	工业流动资产周转率(次/年)	零售业/工业
1999	2.23	1.41	1.59
2000	2.32	1.55	1.50
2001	2.58	1.62	1.59
2002	2.71	1.73	1.57
2003	2.68	1.88	1.43
2004	2.91	2.05	1.42
2005	2.97	2.24	1.33
2006	3.01	2.37	1.27
2007	3.04	2.45	1.24
2008	3.16	2.56	1.24
2009	3.00	2.43	1.23
2010	3.10	2.50	1.24
2011	3.03	2.57	1.18
2012	2.80	2.52	1.11
2013	2.92	2.51	1.16
2014	2.85	2.48	1.15
2015	2.77	2.37	1.17
2016	2.73	2.31	1.18
平均	2.82	2.20	1.31

资料来源：根据历年《中国统计年鉴》相关数据计算整理获得。

① 纪良纲，郭娜．商品流通规模与商品流通速度的关系分析［J］．宋则等．中国流通理论前沿(4)．社会科学文献出版社，2006：124.

③零售业促进就业吸纳水平提高。我国是世界上人口和劳动力最多的国家。努力扩大就业，满足劳动者就业需求是我国在较长时期内所面临的重要任务。党和政府十分重视就业问题。在努力发展经济的同时，始终把解决人民群众的就业问题作为优先政策目标之一，针对不同时期的主要矛盾，适时调整就业政策，促进了我国就业规模的持续扩大。党的十六大以来，党中央、国务院更加关注民生，将就业工作摆在经济社会发展的突出位置，通过实施积极的就业政策，使我国就业总量保持了持续稳步增长，就业结构进一步优化，保持了就业形势的基本稳定。

我国零售业是典型的劳动密集型产业，就业吸纳能力比较强。零售业的快速发展，对于促进我国就业吸纳水平的提高有突出的贡献。自 2001 年以来，流通产业（批发、零售、餐饮业）就业人员年均增长 141.5 万人，占全社会新增就业人员的 17.1%。流通产业就业人数占全部第三产业的 1/4，在非农产业中居第二位。根据劳动和社会保障部统计，2016 年全国劳动力市场零售业用工需求 697.70 万人，占全部就业人数的 0.90%，占到第三产业就业人数的 2.07%。可以说，正是零售业规模的不断扩大，对整个劳动力市场的就业增长产生了重要的推动作用（数据见表 2－11）。

表 2－11　2002—2016 年我国就业数据

年份	全国就业人数（万人）	增长速度（%）	第三产业就业人数（万人）	增长速度（%）	零售法人企业从业人员（万人）	增长速度（%）	零售连锁企业从业人数（万人）	增长速度（%）
2002	73280		20958		225		63.3	
2003	73736	0.62	21605	3.09	228	1.55	92.4	45.98
2004	74264	0.72	22725	5.18	262	14.67	105.6	14.28
2005	74647	0.52	23439	3.14	295	12.80	160.10	51.61
2006	74978	0.44	24143	3.00	319	8.27	187.10	16.86
2007	75321	0.46	24404	1.08	355	11.24	186.19	-0.49
2008	75564	0.32	25087	2.80	422	18.78	197.08	5.85
2009	75828	0.35	25857	3.07	437	3.47	210.88	7.01
2010	76105	0.37	26332	1.84	501	14.79	225.16	6.77
2011	76420	0.41	27282	3.61	527.60	5.31	249.06	10.61
2012	76704	0.37	27690	1.50	575.20	9.02	256.35	2.93
2013	76977	0.36	29636	7.03	655.30	13.93	255.94	-0.16
2014	77253	0.36	31364	5.83	681.90	4.06	250.17	-2.26

续表

年份	全国就业人数（万人）	增长速度（%）	第三产业就业人数（万人）	增长速度（%）	零售法人企业从业人员（万人）	增长速度（%）	零售连锁企业从业人数（万人）	增长速度（%）
2015	77451	0.26	32839	4.70	682.80	0.13	248.08	-0.84
2016	77603	0.20	33757	2.80	697.70	2.18	244.99	-1.24
平均	75742.07	0.41	26474.53	3.48	457.63	8.57	195.49	11.21

资料来源：根据历年《中国统计年鉴》相关数据计算整理获得。

2002年至2016年全国就业人口增长速度年平均值为0.41%，第三产业就业人数增长速度平均值为3.48%；限额以上零售法人从业人数增长速度平均值为8.57%，是全国平均增长速度的20.88倍，是第三产业平均增长速度的2.47倍。限额以上零售连锁企业从业人数增长速度平均值更高，达到了11.21%，是全国平均增长速度的27.31倍，第三产业平均增长速度的3.22倍。（数据见表2-11）

2.2 改革开放推动零售业发展实证分析

2.2.1 数据选择

选用批发零售业消费品总额代表零售业发展情况，工业与农业生产总值代表供给，城镇居民和农村居民人均收入代表需求，城市化发展用城市化率代表。由于工业、农业生产总值和批发零售业消费品总额的单位为亿元，人口城镇化水平为百分比，人均收入的单位为元。为了减小单位不统一及价格影响，选取1978—2015[①]年我国批发零售业社会消费品零售额（LSE），农业产值（NY），工业产值（GY），城市居民人均可支配收入（CS），农村居民人均纯收入（NS）和城市化率（CL）的指数数据（见表2-12）。

① 由于统计年鉴未给出2016年的城市居民和农村居民人均收入指数数据，故数据选取截止到2015年。

表2-12 1978—2015年我国零售业供给需求数据(指数数据)

年份	LSE	NY	GY	CS	NS	CL
1978	100	100	100	100	100	100
1979	110.9	106.1	108.7	112.7	119.2	105.8
1980	118.4	104.6	122.4	127.0	139.0	108.2
1981	125.2	111.9	124.5	127.6	160.4	112.5
1982	132.6	124.8	131.7	133.9	192.3	117.9
1983	142.6	135.1	144.5	140.6	219.6	120.7
1984	161.8	152.6	166.0	158.1	249.5	128.4
1985	178.8	155.4	196.2	160.4	268.9	132.3
1986	189.9	160.5	215.2	182.5	277.6	136.9
1987	203.9	168.1	243.6	186.9	292.0	141.3
1988	215.7	172.3	280.8	182.5	310.7	144.1
1989	201.0	177.6	295.0	182.8	305.7	146.3
1990	202.4	190.7	304.9	198.1	311.2	147.4
1991	217.0	195.2	348.8	212.4	317.4	150.3
1992	229.3	204.4	422.6	232.9	336.2	153.2
1993	271.5	214.0	507.5	255.1	346.9	156.2
1994	297.1	222.6	603.5	276.8	364.3	159.1
1995	332.1	233.7	688.2	290.3	383.6	162.1
1996	372.6	245.6	774.3	301.6	418.1	170.1
1997	398.2	254.2	861.9	311.9	437.3	178.1
1998	426.5	263.1	938.6	329.9	456.1	186.1
1999	460.8	270.5	1018.6	360.6	473.5	194.1
2000	503.1	277.0	1118.3	383.7	483.4	202.1
2001	550.3	284.8	1215.2	416.3	503.7	210.2
2002	631.7	293.0	1336.4	472.1	527.9	218.1
2003	683.1	300.3	1506.8	514.6	550.6	226.2
2004	744.2	319.3	1680.2	554.2	588.0	233.0
2005	824.8	336.0	1874.7	607.4	624.5	239.9
2006	923.8	352.8	2116.1	670.7	670.7	247.4
2007	1031.2	366.0	2431.5	752.5	734.4	256.1
2008	1186.8	385.6	2673.0	815.7	793.2	262.2
2009	1384.3	401.8	2906.4	895.4	860.6	269.8

续表

年份	LSE	NY	GY	CS	NS	CL
2010	1742.2	418.9	3261.2	965.2	954.4	278.7
2011	2718.2	436.8	3624.4	1046.3	1063.2	286.1
2012	2998.2	456.6	3918.9	1146.7	1176.9	293.4
2013	3313.4	474.7	4221.9	1227.0	1286.4	299.8
2014	3636.1	494.6	4519.1	1310.5	1404.7	305.6
2015	3858.5	514.6	4791.9	1396.9	1510.1	313.1

资料来源:根据历年《中国统计年鉴》相关数据计算整理获得。

2.2.2 相关分析与 Granger 因果检验

(1)相关分析

对表 2-12 中的数据进行相关分析,得到 1978 年至 2016 年我国农业产值(NY),工业产值(GY),城市居民人均可支配收入(CS),农村居民人均纯收入(NS)和城市化率(CL)的指数数据与批发零售业社会消费品零售额(LSE)的相关系数(见表 2-13)。

表 2-13　农业、工业、居民收入和城市化率与零售业相关系数

	NY	GY	CS	NS	CL
LSE	0.93	0.99	0.99	0.97	0.94

农业产值、工业产值、城市居民人均可支配收入、农村居民人均纯收入和城市化率与批发零售业社会消费品零售额的相关系数分别为 0.93、0.99、0.99、0.97 和 0.94,均为高度正相关。其中工业产值和城镇居民人均收入与批发零售业社会消费品零售额的相关程度最高。

(2)Granger 因果检验

相关程度高只能说明数据的变化趋势相一致,不能说明数据间的相互影响。为说明哪些数据对批发零售业社会消费品零售额,对表 2-12 中的数据进行 Granger 因果检验。(检验结果见表 2-14)

表 2-14　对零售业影响的 Granger 因果检验结果

	滞后 1 期		滞后 2 期		滞后 3 期	
原假设	p 值	判断	p 值	判断	p 值	判断
NY 不是 LSE 的 Granger 原因	0.0009 * * *	拒绝	0.16331	接受	0.44593	接受

续表

	滞后 1 期		滞后 2 期		滞后 3 期	
原假设	p 值	判断	p 值	判断	p 值	判断
GY 不是 LSE 的 Granger 原因	0.000032 * * *	拒绝	0.01761 * *	拒绝	0.06767 *	拒绝
CS 不是 LSE 的 Granger 原因	0.0003 * * *	拒绝	0.04161 * *	拒绝	0.08917 *	拒绝
NS 不是 LSE 的 Granger 原因	0.00894 * * *	拒绝	0.45823	接受	0.58012	接受
CL 不是 LSE 的 Granger 原因	0.000003 * * *	拒绝	0.00841 * * *	拒绝	0.03232 * *	拒绝

* 在 0.1 显著水平拒绝原假设；* * 在 0.05 显著水平拒绝原假设；* * * 在 0.01 显著水平拒绝原假设。

当滞后一期是农业产值、工业产值、城市居民人均可支配收入、农村居民人均纯收入和城市化率都是批发零售业社会消费品零售额的 Granger 原因。当滞后 2 期和 3 期时，只有工业产值、城市居民人均可支配收入和城市化率是批发零售业社会消费品零售额的 Granger 原因。说明农业产值、工业产值、城市居民人均可支配收入、农村居民人均纯收入和城市化率都对批发零售业社会消费品零售额造成影响，其中农业产值和农村居民收入的影响是短期的，而工业产值、城市居民人均可支配收入和城市化率的影响是长期的。

综上可知，从供给的角度来说，工业产值的增加对零售业的快速发展起到主要推动作用；从需求角度来说，城镇居民人均收入的增加和城市化率的提高对零售业的快速发展起到了主要推动作用。

2.3 我国零售业市场结构的演进

改革开放推动我国零售业快速发展，零售业在发展过程中，市场结构逐渐演进。市场结构向何种类型演进，是受行业特性影响的。美国诺贝尔奖得主萨缪尔森在其著作《经济学》中论述：①相对于单一企业的效率规模而言，产业的总需求相当巨大，许多完全竞争者可以在此共存，此种情况形成完全竞争市场结构；②相对于产业的总需求来说，成本在较高的产量水平才开始上升，为数众多的完全竞争者已不可能共存，寡头市场结构将会出现；③当成本迅速且无限制地下降时，一个企业就能够扩大规模来垄断整个行业，会出现自然垄断市场结构。① 本节通过分析我国零售业企业规模发展态势,说明我国零售业市场结构演进的趋势。

2.3.1　市场结构取决于相对成本与需求因素

(1)成本与需求条件影响市场结构

一个产业的市场结构取决于企业相对成本与需求因素,由图2-2(a)可见一个产业的平均成本的最低点出现在产量相对低的水平上的情况。一旦企业想扩大生产超越该点,它就会发现成本会很快地随之上升。因此,这个产业就可以支撑完全竞争所需要的有效经营的为数众多的企业了。图2-2(b)它显示的是在某一产业中,企业享受了一定产量水平的规模经济;但在某一点之后,规模经济已经全部实现,平均成本开始上升。但是,应该注意,AC曲线上升得较慢,以致不能避免完全竞争遭到破坏。该行业的总需求曲线DD所提供的市场,只能确保为数较少的企业共存,并且在平均成本的最低点进行生产。这种成本结构就会导致寡头。图2-2(c)显示了自然垄断的需求曲线。自然垄断是指行业中只有一家企业能够有效率地进行生产。当技术在产量满足全部需求的范围内表现出规模经济时,这种情况就会出现。技术始终增长并达到一定的规模,因此平均成本和边际成本就会永远呈下降的趋势。随着产量的提高,企业可以不断地降低价格,且保持一定的利润,因为这时它的平均成本是下降的。成千上万个完全竞争者要想和平地竞争共处是很不可能的,因为一个大企业具有远远高于小企业的效率。

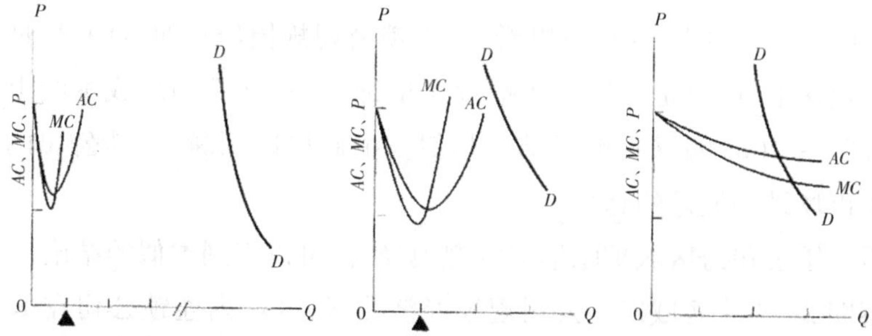

(a)完全竞争　　(b)寡头　　(c)自然垄断

图2-2　市场结构取决于相对成本与需求因素

资料来源:[美]萨缪尔森.经济学[M].第18版,萧琛译.人民邮电出版社,2008:233

① [美]萨缪尔森.经济学[M].第18版,萧琛译.人民邮电出版社,2008.

(2)零售企业的规模经济

由于对零售业来说总需求相对稳定,这时市场结构主要取决于相对成本。这就需要分析零售企业的规模经济问题。周殿昆(2006)①分析了连锁公司的规模经济问题。由于现在我国大型零售企业绝大多数都采取了连锁经营的形式,因此对连锁公司规模经济的论述,适用于对当前大型零售企业规模经济问题。规模经济是指连锁公司(本书指大型零售商,下同)的长期平均总成本,随经营规模扩大,亦即销售额增长而下降和保持不变的性质。连锁公司开设多家店铺时形成一条包络各店铺短期成本曲线而底部平滑的U形曲线。(如图2-3所示)

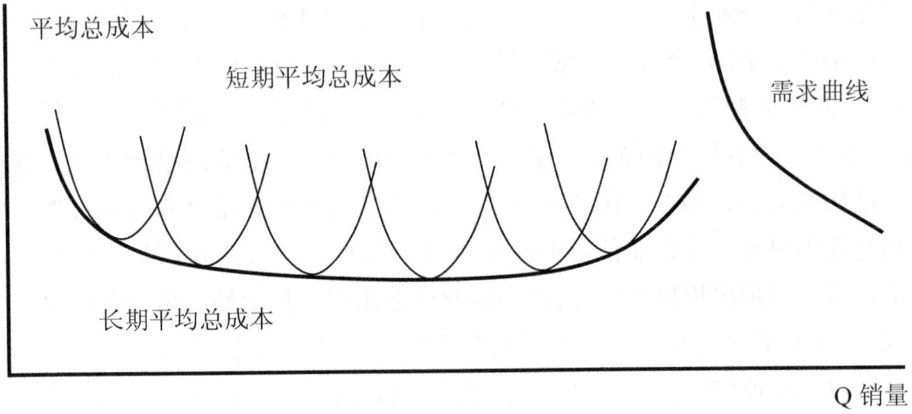

图2-3 连锁公司规模经济曲线

资料来源:周殿昆.连锁公司快速成长奥秘[M].中国人民大学出版社.2003年.P52。

对比图2-2和图2-3,可以看出,连锁公司规模经济曲线中,短期平均总成本虽然快速上升,但是开设的店铺逐步增加时,长期平均总成本的上升速度缓慢,同图2-2(b)的寡头市场结构相似。由此可以判断,连锁公司的发展是向着寡头市场结构演进的趋势。

分析连锁公司跨区域扩张形成的规模经济,可以得到类似的结论。

观察图2-4跨区域连锁公司规模经济曲线,区域内连锁公司在K区域完成规模扩张过程,产量由Q_1增加到Q_2,形成由A至B的一个浴缸形规模经济线,由于市场竞争已经把K区域内的发展空间挤压到不利于该公司在区域内继续扩张的地步,该公司只能实现跨区域扩张战略,到尚有市场发展空间的K+1

① 周殿昆.连锁公司快速成长奥秘[M].中国人民大学出版社,2003:34-79.

区域扩张销售规模，其路径与在 K 区域大致相同。如是重复，跨区域连锁公司的长期平均总成本，就形成了一条由多个首尾衔接的区域内浴缸形曲线组成的连续曲线。零售百强的跨区域扩张战略，加速了企业规模的扩大，一些大型零售商正在逐步形成。可见，连锁公司跨区域扩张规模经济曲线中，长期平均总成本的上升速度缓慢，也同图 2－2(b)的寡头市场结构相似。可以判断，连锁公司的跨区域扩张发展是向着寡头市场结构演进的趋势。

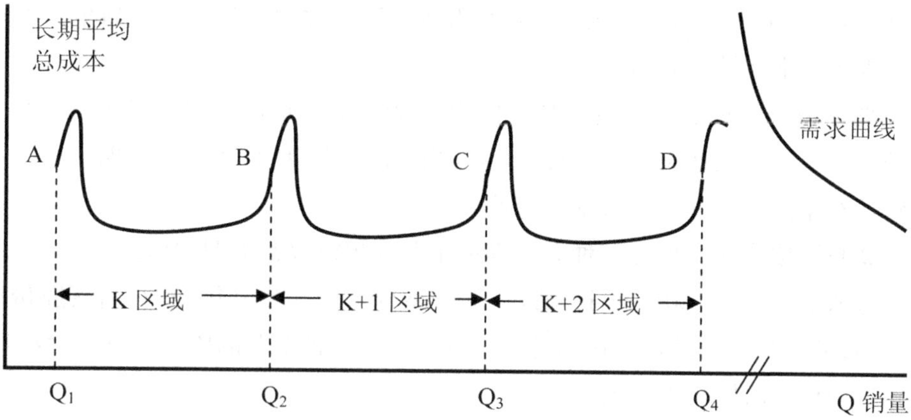

图 2－4 跨区域连锁公司规模经济曲线

资料来源：周殿昆. 连锁公司快速成长奥秘[M]. 中国人民大学出版社. 2003 年. P60

(3)零售企业规模经济判断

①零售企业的规模经济情况，既可以用上述平均总成本下降、不变和上升描述，也可以使用规模收益(平均总成本下降)、不变(平均总成本不变)和递减(平均总成本上升)来描述。一般来说，规模经济是以一定的经济规模为基础的。而经济规模反映的是生产要素的集中投放程度。生产要素组合的不同层次和方式，形成不同的经济规模。经济规模就其范围来说，可分为行业经济规模和企业经济规模。行业经济规模反映的是行业总体的生产经营能力；企业经济规模则反映企业的生产经营能力。规模经济的基本涵义是指在技术水平不变的情况下，λ 倍的投入产生了大于λ 倍的产出。在特定的限度内，企业规模扩大后，产量的增加幅度会大于生产规模扩大的幅度。

设生产函数为柯布—道格拉斯形式：$Q = AK^{\alpha}L^{\beta}$，当 L 与 K 增加λ 倍时，并使销量 Q 增加 h 倍，即 $hQ = A(\lambda K)^{\alpha}(\lambda L)^{\beta} = \lambda^{\alpha+\beta}(AK^{\alpha}L^{\beta})$。

当 $\alpha+\beta>1$ 时，会呈现为规模收益递增，也称为规模报酬递增，也就是产量增长率快于各种生产要素投入增长率。导致规模报酬递增的原因主要是由于生产专业化程度的提高，固定性生产要素具有不可分割性，生产规模扩大后使对其利用和管理得更合理等。

当 $\alpha+\beta=1$ 时，规模收益不变，也称为规模报酬固定。产量增长率等于各种生产要素投入增长率。规模报酬固定的原因是由于在规模报酬递增阶段的后期，大规模生产的优越性已得到充分发挥，厂商逐渐用完了种种规模优势，同时，厂商采取各种措施努力减少规模不经济，以推迟规模报酬递减阶段的到来。在这一阶段，生产规模增加幅度与报酬增加幅度基本相等，企业产品生产处于基本维持正常运转的局面。

当 $\alpha+\beta<1$ 时，规模收益递减，也称为规模报酬递减，就是产量增长率慢于各种生产要素投入增长率。导致规模报酬递减的原因主要是经营规模过大造成管理费用的增加和管理效率的降低。

②我国按注册类型分三种大型零售企业的规模收益类型测算。

选取 1999 年至 2016 年我国按注册类型分三种大型零售企业：内资股份有限公司，港、澳、台商投资企业和外商投资企业。三种企业的资产（K）、人数（L）和销售（Q）数据见表 2－15。

表 2－15　1999—2016 年按注册类型分三种大型零售企业数据

年份	内资股份有限公司			港、澳、台商投资企业			外商投资企业		
	资产（亿元）	人数（万人）	销售收入（亿元）	资产（亿元）	人数（万人）	销售收入（亿元）	资产（亿元）	人数（万人）	销售收入（亿元）
1999	1011.9	45.8	907.8	134.0	4.1	129.6	169.3	5.2	203.2
2000	1077.3	39.3	923.8	181.9	4.5	222.4	179.4	5.1	232.5
2001	1153.4	42.7	1207.7	150.6	4.4	170.0	217.2	5.6	336.9
2002	1266.4	46.4	1392.5	157.8	5.2	195.3	255.6	7.9	432.5
2003	1407.0	44.0	1633.6	176.9	5.0	219.4	315.4	9.1	567.8
2004	1704.8	45.7	2394.8	222.6	5.7	340.9	418.2	12.2	806.8
2005	2002.6	47.4	3156.1	268.3	6.4	462.5	521.0	15.2	1045.8
2006	2220.4	48.7	3653.8	340.9	8.4	586.6	713.3	20.2	1366.4
2007	2414.9	51.5	4182.2	442.0	12.1	898.6	974.5	25.5	1709.8
2008	3276.9	54.8	6427.9	835.3	17.7	1440.6	1358.7	31.4	2709.5
2009	3766.2	52.5	6094.7	1080.1	20.6	1963.3	1733.3	33.3	3022.6
2010	4263.5	56.9	7487.6	1428.3	23.9	2674.9	2071.6	36.5	3724.9
2011	5173.0	54.8	9378.1	2048.4	28.7	3605.7	2531.3	37.5	4384.1
2012	5611.9	53.5	9765.0	2756.8	35.2	4380.9	2911.7	39.3	4570.5

续表

年份	内资股份有限公司			港、澳、台商投资企业			外商投资企业		
	资产（亿元）	人数（万人）	销售收入（亿元）	资产（亿元）	人数（万人）	销售收入（亿元）	资产（亿元）	人数（万人）	销售收入（亿元）
2013	7201.7	67.2	13340.5	3554.3	38.7	4480.4	3099.4	44.2	5219.9
2014	7635.4	65.7	13910.1	3370.9	41.4	4890.6	3296.7	45.7	5638.3
2015	8938.4	64.5	13150.4	3448.3	42.5	5297.5	3275.8	44.8	5488.7
2016	11259.6	65.8	13595.5	3980.4	46.5	6082.7	3665.0	42.9	6322.7

资料来源：根据历年《中国统计年鉴》相关数据计算整理获得。

对 $Q = AK^{\alpha}L^{\beta}$ 函数中的每一项取自然对数，使生产函数变成：

$$\ln Q = \ln A + \alpha \ln K + \beta \ln L$$

使用最小二乘法估计参数，得到回归结果，见表 2－16：

表 2－16　1999—2016 年按注册类型分三种大型零售企业规模报酬

变量	股份有限公司		港、澳、台商投资企业		外商投资企业	
LOG(K)	1.57 *	(18.31)	1.34 *	(14.65)	0.51 *	(1.95)
LOG(L)	−0.31 *	(6.16)	−0.14 *	(2.94)	0.73 *	(2.38)
LOG(A)	0		0		−5.03 *	(2.46)
R^2	0.98		0.98		0.99	
$\alpha+\beta$	1.26		1.20		1.24	

* 表示在 0.01 显著水平下显著。括号内为 t 统计量。

内资股份有限公司，港、澳、台商投资企业和外商投资企业的$\alpha+\beta$ 值分别为：1.26、1.20 和 1.24，均大于 1，表明在 1999 年至 2016 年间，三种大型零售商的规模报酬递增。由此可以判断三种大型零售企业的平均总成本随销量规模扩大而呈递减趋势，企业规模扩大可以实现规模经济效果，这是大型零售企业不断扩张规模的内在动力。

综上所述，大型零售企业的扩张具有规模经济，相对于总需求来说，大型零售企业长期总成本呈现下降状态，符合图 2－2(b)的情形，说明我国零售业市场结构的演进趋势是朝向寡头发展。

2.3.2　我国零售业市场结构演进态势

改革开放以来，我国零售业发展迅猛。社会消费品零售总额由 1978 年的 1558.6 亿元增加到 2016 年的 156998.4 亿元，扩大了 115.1 倍，年平均增长率为 15.8%。2010 年全年社会消费品零售总额比上年增长 18.4%，增速比上年上升 2.9 个百分点。其中商品零售消费品零售额为 136918.2 亿元，增长 18.5%。我国零售业企业规模逐年提高，市场结构悄然变化。

下面通过我国零售百强企业 2000 年至 2016 年的变化趋势特点，说明我国零售业企业规模发展态势和集中度变动趋势。（规模绝对指标见绪论 1.1.1 节表 1－1，集中度指标见表 2－17）

（1）我国零售业企业规模发展态势

①我国零售百强销售规模所占社会消费品零售总额比重稳步提高，由于零售百强销售规模增速高于社会消费品零售总额的增速，带动零售百强销售额占全社会消费品零售总额的比重稳步提高。中国商业联合会和中华全国商业信息中心联合发布的中国零售百强榜单显示，2015 年中国零售百强销售规模达到 41292.6 亿元，同比增长 22.4%。2016 年我国零售百强企业实现销售额 4.82 万亿元，同比增长 18.5%，高于社会消费品零售总额增速 8.1 个百分点。百强企业占社会消费品零售比重的提高，说明我国大型零售企业的影响力在逐步提高。

②我国零售百强企业销售规模快速扩大，零售百强入围门槛逐步提高，2015 年百强企业的入围门槛提高至 40 亿元，2016 年提高至 45.1 亿元。

③超百亿元企业快速扩大，过千亿元企业群体稳步扩大，过万亿元企业开始出现。销售额超过百亿元的企业由 2000 年的 1 家发展到 2011 年的 55 家，首次超过百强半数，2016 年为 64 家。过千亿元企业 2007 年开始出现，2016 年增至 6 家，平均每两年增加一家。过万亿元企业 2015 年开始出现，2016 年排名第一的企业销售额接近 1.5 万亿元，排名第二的企业为 0.93 万亿元。这表明我国零售企业中，大型规模的企业越来越多，企业竞争力不断增强。

④零售百强市场集中度进一步提高，2016 年百强销售占社会消费品零售总额的比重为 14.5%。百强前 10 名的销售额占比大幅提升：2015 年前 10 名企业销售额合计为 20013.9 亿元，占百强整体销售规模的比重为 65.8%，比 2014 年大幅提升 6.5 个百分点。2016 年我国零售百强企业中，前 10 名企业占百强整体销售规模的比重为 69.2%，比 2015 年上升 3.4 个百分点。我国零售业市场集中度进一步提高。

（2）我国零售业市场集中度变动态势

市场集中度（Concentration Ratio，简称 CR）是指市场中主要企业的集中程度，具体含义是在一定区域，行业内排名前几位的品牌其销量累加所占总量的比例。市场集中度反映出行业内垄断及竞争状况，是分析竞争行业环境和发展阶段一项重要指标。

①我国零售业的 CR_4 与 CR_8 指标。

市场集中度分析通常以 CR_4（即行业内前四位企业市场占有率总和）或 CR_8（即该行业前八家企业的市场占有率总和）两项数据来计算市场集中度的高低。关于行业集中度的分类，国际上比较通行的方法是"贝恩分类法"，即如果行业集中度 $CR_4<30\%$ 或 $CR_8<40\%$，则该行业为竞争型；如果 $CR_4\geq30\%$ 或 $CR_8\geq40\%$，则该行业为寡头垄断型。

全球商品流通市场的集中度已经比较高，并且处于不断集中化的过程中。比如，1998 年全球前 10 名零售商的零售额占到全球总零售额的 23%，1999 年则上升到 26%，2000 年则又上升到 28%。早在 2003 年，美国零售业的市场集中度已达到 40%，日本为 50%。欧洲市场位居前 10 名的零售企业拥有零售市场 90% 以上的份额。根据贝恩对市场结构的分类，国际零售市场已经形成寡头竞争结构。

我国零售百强 CR_8 由 2000 年的 2.9%，增加到 2016 年的 9.69%，扩大了 3.34 倍；CR_4 由 2000 年的 1.8%，增加到 2016 年的 8.34%，扩大了 4.63 倍（数据见表 2－17）。国外的零售业集中度和流通企业组织化程度较高，与发达国家相比，我国零售业的市场集中度偏低，但是呈现增强趋势。

表 2－17　2000—2016 年我国零售业集中度指标变动趋势①

年份	CR_8（%）	CR_4（%）	HHI 指数
2000	2.9	1.8	0.32
2001	2.9	1.6	0.53
2002	3.4	2.2	0.82
2003	3.6	2.4	1.78
2004	3.6	2.5	2.63
2005	3.7	2.5	3.56
2006	4.3	3.1	4.41
2007	4.4	3.1	4.81
2008	4.4	3.0	4.19

① 关于我国零售业市场集中度测算方法上，我国学术界有许多分歧（参见：陈阿兴. 我国零售产业集中度的实证研究［J］. 产业经济研究. 2004 年. 第 6 期），本章主要研判我国零售业市场集中度的发展趋势，并没有使用复杂的计算技术，仍采用传统的计算方法；在第 3.2.1 部分将采取改进的集中度计算方法。

续表

年份	CR_8(%)	CR_4(%)	HHI 指数
2009	4.2	2.9	3.39
2010	4.2	3.0	3.81
2011	4.72	3.39	4.03
2012	4.97	3.29	4.24
2015	8.61	7.13	19.48
2016	9.69	8.34	27.80

资料来源：根据《中国经济贸易年鉴 2001、2004》《中国国内贸易年鉴 2002》《中国商业年鉴 2003》以及中国商业联合会历年发布的《中国零售业百强企业排名》计算整理获得，由于 2013、2014 仅有企业排行名单，未有销售额，固表中未列出这两年的数据。下同。

②我国零售业赫芬达尔－赫希曼指数指标。

赫芬达尔—赫希曼指数（Herfindahl-Hirschman Index，简称赫希曼指数，HHI）是一种测量产业集中度的综合指数。它是指一个行业中各市场竞争主体所占行业总收入或总资产百分比的平方和，用来计量市场份额的变化，即市场中厂商规模的离散度。HHI 指数是产业市场集中度测量指标中较好的一个，是经济学界和政府管制部门使用较多的指标。

HHI 指数的计算方法为：$HHI = \sum_{i=1}^{n} \left(\frac{X_i}{X}\right)^2 = \sum_{i=1}^{n} S_i^2$

其中：X 是某行业市场的总规模，X_i 是第 i 个企业的规模，$S_i = X_i/X$ 是第 i 个企业的市场占有率，n 是该行业内的企业数。

赫希曼指数能区别公司市场占有率为基础的市场结构。具体计算方法是计算某一市场上 50 家最大企业（如果少于 50 家企业就是所有企业）每家企业市场占有份额的平方之和。显然，HHI 越大，表示市场集中程度越高，垄断程度越高。一般而言，HHI 值应介于 0 与 1 之间，但通常的表示方法是将其值乘上 10000 而予以放大，故 HHI 应介于 0 到 10000 之间。美国司法部（Department of Justice）利用 HHI 作为评估某一产业集中度的指标，并且订出标准：以 HHI 值为基准的市场结构分类。（判断标准见表 2－18）

表 2－18　市场结构的 HHI 指数指标判断标准①

市场结构	寡占型				竞争型	
	高寡占Ⅰ型	高寡占Ⅱ型	低寡占Ⅰ型	低寡占Ⅱ型	竞争Ⅰ型	竞争Ⅱ型
HHI 值	≥3000	1800—3000	1400—1800	1000—1400	500—1000	<500

资料来源:[美]J. 贝恩《产业组织》[M]. 丸善 1981 版。

我国零售百强 HHI 由 2000 年的 0. 32,增加到 2016 年的 27. 80,扩大了 86. 86 倍。(数据见表 2－17)

应该看到近年来,我国零售业市场集中度呈现显著的增强趋势。CR_4、CR_8 分别扩大了 4. 63 倍、3. 34 倍;HHI 指数扩大了 86. 86 倍。根据国际零售业市场结构的发展历程,以及近年来我国零售业发展态势的分析,可以预计我国零售业市场结构应该是处于由完全竞争逐步向寡头市场的过渡时期。

2. 3. 3　市场机制引发资源向大型企业集聚

(1)我国零售业企业规模差距的扩大趋势分析

洛伦兹曲线(Lorenz curve)是奥地利统计学家洛伦兹(Max Otto Lorenz,1905)在《计量财富集中的方法》一书中首次提出来的一个用以衡量社会收入分配公平程度的统计分析工具。② 基尼系数(Gini Coefficient)为意大利经济学家基尼(Corrado Gini,1912)在洛伦兹曲线的基础上提出的,最初用于反映居民收入分配差距程度。

根据洛伦兹曲线和基尼系数的原理,可将其推而广之,既可以用来反映研究对象的某项指标分布集中状况,反映企业某项指标分布集中程度的静态特征;也可以反映研究对象整体结构变动程度的动态特征。③ 在分析某一研究对象的结构变化时,利用基尼系数的原理,计算出不同时期的分布基尼系数,因为分布的变化实际上就是结构的变化,所以用基尼系数的变化就可说明结构的变动程度。

① 卫新江. 欧盟、美国企业合并反垄断规制比较研究[M]. 北京大学出版社,2005:179.

② 整个的洛伦兹曲线是一个正方形,横轴表示人口(按收入由低到高分组)的累积百分比,纵轴表示收入的累积百分比,将每一百分的家庭所拥有的财富的百分比累计起来,并将相应的点画在图中,得到了一条曲线就是洛伦兹曲线。

③ 王文森. 基尼系数及其推广应用[J]. 统计与预测,2003:(1).

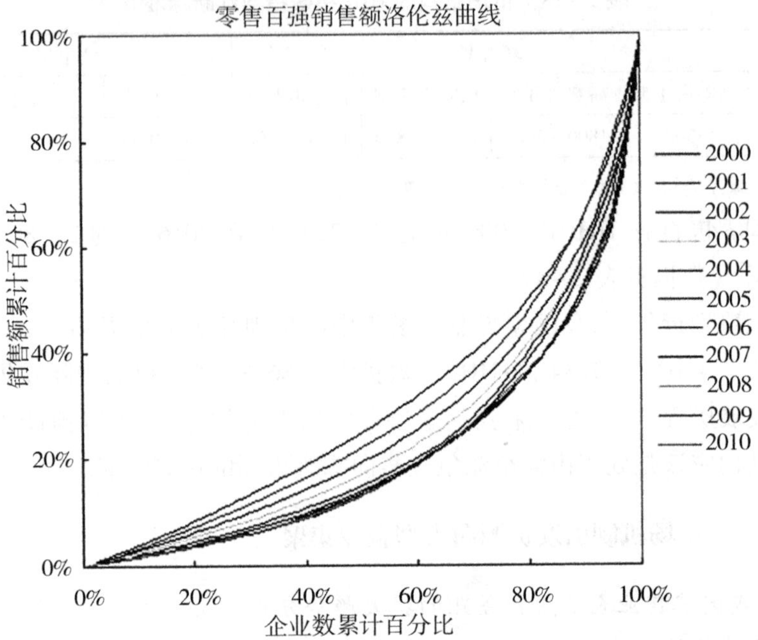

图 2 - 5　2000—2010 年我国零售百强企业销售额洛伦兹曲线

资料来源：根据历年《中国零售业百强企业排名》计算整理绘制，由于 2010 年之后的图像基本上与 2010 年的重合，故未画出。

以某一年我国零售百强企业数目的累积百分比作为横坐标，以该年百强企业销售额由小到大排序的累积百分比作为纵坐标，将相应的点画在图中，得到一条我国零售百强销售额的洛伦兹曲线。使用同样的方法绘制我国 2000 年至 2010 年零售百强销售额的洛伦兹曲线。（见图 2 - 5）

张建华（2007）[①]提出了一个简便易用的公式：假定一定数量的人口按收入由低到高顺序排队，分为人数相等的 n 组，从第 1 组到第 i 组人口累计收入占全部人口总收入的比重为 W_i ，$i = 1,2,\cdots n$ ，则 $G = 1 - \frac{1}{n}(\sum_{i=1}^{n-1} W_i + 1)$ 。利用该公式可以计算我国 2000 年至 2010 年零售百强销售额的基尼系数。（见表 2 - 19）

① 张建华. 一种简便易用的基尼系数计算方法 [J]. 山西农业大学学报（社会科学版），2007：（3）.

表 2 – 19 2000—2016 年我国零售百强企业销售额基尼系数

年 份	2000	2001	2002	2003	2004	2005	2006	2007
基尼系数	0.39	0.43	0.48	0.51	0.54	0.53	0.58	0.58
年 份	2008	2009	2010	2011	2012	2015	2016	
基尼系数	0.58	0.58	0.58	0.57	0.57	0.71	0.74	

可以看出 2000 年至 2006 年我国零售百强销售额的洛伦兹曲线快速向右下方移动;同期,基尼系数由 0.39 逐年扩大至 0.58(2005 年比 2004 年略有下降),说明该时期我国零售百强企业规模差距快速扩大。加之前面分析时知道,我国零售百强的销售总额是逐年扩大的,由此可知,我国零售业市场大型企业规模提高的速度快于小型企业①提高的速度。零售业市场份额资源(或称顾客资源)向大型零售企业聚集。

从 2006 年至 2012 年我国零售百强销售额的洛伦兹曲线基本保持不动;同期,基尼系数维持在 0.57—0.58,说明该时期我国零售百强企业规模差距保持不变。大型零售企业与小型零售企业规模扩张的速度基本相同。速度指标是个相当指标,由于大型零售企业和小型零售企业初始规模不同,在规模扩张速度相同的情况下,从绝对量上仍然是规模差距在扩大。2015 年、2016 年基尼系数猛增至 0.71 和 0.74,说明大型零售商规模扩张迅猛。2000 年至 2016 年我国零售百强企业销售绝对量比较(第 1 名/第 100 名)由 2000 年的 18.43 倍扩大到 2016 年的 313.63 倍。2016 年百强第 1 名的规模近乎相当于 313 个第 100 名的规模。(见表 2 – 20)

表 2 – 20 2000—2016 年我国零售百强企业销售额绝对量差距比较(第 1 名/第 100 名)

年 份	2000	2001	2002	2003	2004	2005	2006	2007	2008
销售额比较	18.43	19.60	26.27	48.35	63.62	56.08	61.34	60.83	53.42
年 份	2009	2010	2011	2012	2015	2016			
销售额比较	56.17	61.98	64.84	60.34	283.62	313.63			

通过上述分析可以看出,我国零售百强企业规模差距(从绝对量上比较)在扩大。那么这种差距的发展趋势是什么呢?大型企业的规模扩张会持续吗?要回答上述疑问,需要看我国零售百强企业的规模是否达到了最佳规模。下面使用生存技术法测算我国零售业企业的最佳规模范围。

① 此处的小型企业是相对于零售百强中的排名而言,实际上放在我国零售业整个行业中比较,仍属于大型企业了。

(2)使用生存技术法测算我国零售企业最佳规模范围

虽然适度规模、最佳规模和最小最佳规模各自的含义比较明确,但在实践中计算和确定长期平均成本曲线并不是一件简单的事情。正如施蒂格勒(G. J. Stigler,1958)[①]所说:“一个世纪以来,规模经济理论的发展可谓步履蹒跚,其中虽不乏有许多出色的推理,但实证研究的成果很少……其贫乏很大程度上归因于该理论的中心概念——最佳规模[②]的厂商,难以进行可靠的测度。”在他以前,有三种依据经验事实来确定产业中厂商最佳规模的方法:第一,直接比较不同规模厂商的实际成本;第二,比较资本报酬率;第三,依据技术资料,计算不同规模厂商的可能成本。但这三种方法都会碰到资料方面的麻烦。所以他只好用生存技术来检验产业中的规模经济性,他先把某一产业的厂商按规模分类,然后计算各时期各规模等级厂商的产出份额。如果某一规模等级厂商所占份额下降了,说明该规模等级效率较低,如果份额上升,表明该规模等级效率较高,故可以视为达到适度规模水平。

周殿昆(2003)[③]使用生存技术法,利用我国连锁公司百强企业1997年至2002年的数据测算我国连锁营销行业的最佳规模范围,得出结论:在现有的条件下,1%—6%规模等级(企业销售额占百强企业销售总额的比重)是目前(2003年)我国商业连锁公司的最佳规模范围。由于我国连锁百强企业与零售百强数据,有较大重叠,加之我国零售百强连锁化程度的加深,上述测算我国连锁企业的最佳企业规模范围的方法对于我国零售百强企业也较为适用。由于2004年我国零售行业全面开放,零售市场格局较2003年有较大变化,上述研究的最佳规模等级的结论需要重新分析。因此,使用生存技术法,利用我国零售百强企业2000—2016年的数据测算我国零售行业的最佳规模范围。

①我国零售百强企业按销售规模企业数目分布特征。

按照零售百强企业销售额占百强销售总额的比重,将百强企业按销售规模划分为0.3%以下、0.3%—0.6%、0.6%—1%、1%—3%、3%—5%、5%以上共六组。首先计算,2000年至2016年我国零售百强企业按销售规模企业数目分布特征。(见表2-21)

① [美]施蒂格勒.产业组织和政府管制[M].潘振民译.上海三联书店,1996:38-39.

② 施蒂格勒关于最佳规模的概念是从平均成本角度讲的,最佳规模是一个范围概念,如图2-3所示的某一个浴缸型曲线的整个底部的范围都是最佳规模。

③ 周殿昆.连锁公司快速成长奥秘[M].中国人民大学出版社,2003:69-72.

表 2 - 21 2000—2016 年我国零售百强企业按销售规模分布特征(企业数目分布)

企业规模	2000	2001	2002	2003	2004	2005	2006	2007
0.3% 以下	0	0	7	20	28	34	35	33
0.3%—0.6%	44	51	46	36	31	23	23	25
0.6%—1%	32	20	19	16	11	13	17	17
1%—3%	18	22	23	23	26	24	20	20
3%—5%	5	6	3	4	3	3	2	2
5% 以上	1	1	2	1	1	3	3	3
企业规模	2008	2009	2010	2011	2012	2015	2016	
0.3% 以下								
0.3%—0.6%	35	35	35	31	29	42	50	
0.6%—1%	21	19	20	24	25	32	26	
1%—3%	19	23	22	24	24	14	10	
3%—5%	20	18	17	15	14	7	9	
5% 以上	0	1	2	2	4	2	3	

然后计算,2000 年至 2016 年我国零售百强企业按销售规模占百强销售总额的百分比分布特征。(见表 2 - 22)

表 2 - 22 2000—2016 年我国零售百强企业按销售规模分布特征(销售额比重分布)

企业规模	2000	2001	2002	2003	2004	2005	2006	2007
0.3% 以下	0.00	0.00	2.03	5.35	6.78	7.38	7.59	7.01
0.3%—0.6%	21.23	22.73	19.14	15.23	9.63	13.20	10.11	11.03
0.6%—1%	23.69	14.77	14.17	11.95	8.35	9.06	13.64	12.78
1%—3%	29.93	36.55	39.16	40.46	47.13	38.43	33.96	33.04
3%—5%	17.78	19.95	11.74	15.26	12.52	10.85	8.59	9.68
5% 以上	6.76	6.00	21.17	11.75	12.26	30.47	36.20	36.32
企业规模	2008	2009	2010	2011	2012	2015	2016	
0.3% 以下	7.52	7.22	7.27	0.07	0.06	0.07	0.09	
0.3%—0.6%	8.96	8.00	7.97	0.11	0.11	0.14	0.10	
0.6%—1%	14.64	18.22	18.67	0.19	0.18	0.11	0.07	
1%—3%	33.44	32.89	31.67	0.24	0.20	0.13	0.12	
3%—5%	0.00	4.98	4.31	0.07	0.15	0.09	0.12	
5% 以上	44.10	28.70	30.10	0.32	0.30	0.47	0.49	

②我国零售百强企业按销售规模分类发展趋势分析。

通过比较发现(见图 2 - 6),2000 年至 2016 年我国零售百强企业按销售规模分组变动趋势具有明显的阶段性特征,即以 2004 年为界限分为两个阶段。

（比较结果见表2－23）

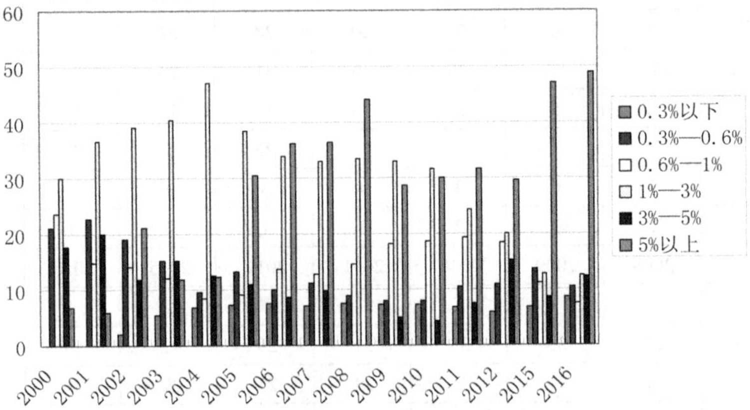

图2－6 2000—2016年我国零售百强企业按销售能力按销售额比重分布变动趋势

资料来源：根据历年《中国零售业百强企业排名》计算整理绘制。

表2－23 2000—2004年平均及2005—2016年平均我国零售百强按销售规模分组分布

销售规模	2000—2004年平均				2005—2016年平均			
	企业数目	变动趋势	销售额比重	变动趋势	企业数目	变动趋势	销售额比重	变动趋势
0.3%以下	11	上升	2.83	上升	34	平稳	7.33	平稳
0.3%—0.6%	42	下降	17.59	下降	22	平稳	9.88	下降
0.6%—1%	20	下降	14.59	下降	18	上升	14.50	上升
1%—3%	22	上升	38.65	上升	20	平稳	33.90	平稳
3%—5%	4	下降	15.45	下降	2	下降	6.40	下降
5%以上	1	平稳	11.59	上升	4	上升	34.32	上升
最小值	1	-	2.83	-	2	-	6.40	-
组中值	15	-	15.02	-	19	-	12.19	-
最大值	42	-	38.65	-	34	-	34.32	-

按销售规模分组2000年至2004年平均，企业数目和销售额比重均上升的为0.3%以下组、1%—3%组及5%以上组（其中5%以上组，企业数目变动为平稳）。另外三组则均表现为下降。2005年至2016年平均，企业数目和销售额比重均上升的包括：0.6%—1%组和5%以上组；两项指标均下降的有3%—5%组；平稳变化的有0.3%以下组和1%—3%组。

综合考虑2000年至2016年，其中平稳按照总体趋势判断（平稳加上升表现为总体上升，平稳加下降表现为总体下降），企业数目和销售额比重均处于上升趋势的组别为0.3%以下组、1%—3%组和5%以上组;均处于下降趋势的组别为0.3%—0.6%组、0.6%—1%组和3%—5%组。其中变化趋势一致,且间隔连续的组别只有0.3%—0.6%组、0.6%—1%组。这样按照变动趋势,原来的6组只能合并为5组:0.3%以下、0.3%—1%、1%—3%、3%—5%和5%以上。这5组变动趋势正好相反,不能继续合并了。这种断层式的规模发展形势:0.3%以下规模企业和0.3%—5%规模企业正在被分化,也印证了我国零售业百强的两极分化趋势。

为了表达直观,将上述合并后的五种企业规模称为超小型、小型、中型、大型、超大型(在零售百强中分组的相对概念)。由上述分析,只能得出小型和大型的企业规模不是最佳规模的结论。而超小型、中型和超大型企业是在持续发展的,无法判断是未达到最佳规模,还是在最佳规模范围之内。如果按照施蒂格勒[①]对于规模范围上限"敞开"(统计学分组方法中的开口组)的规模组,也纳入最佳规模范围——表示产业现有最大规模公司也包括在最佳规模范围内。如按此方法判断,应该是5%以上规模组是最佳规模。这与1%—6%规模等级是2003年我国商业连锁公司的最佳规模范围(周殿昆2003年),有少许重叠部分,但差异是明显的。说明,随着我国零售业全面对外开放,国际零售巨头大规模地进入,我国零售业发生了比较深刻的变化。零售企业的最佳规模范围有了较大的提高,这一方面说明,零售业管理技术的进步造成长期平均成本下降,使得最佳规模范围扩大;另一方面表明,我国零售业大型零售企业正在发展壮大,市场配置引发资源向大型零售企业集聚。

2.3.4 资源向大型零售企业聚集的博弈分析

通过上节统计数据分析,实证地说明了我国零售业存在两级分化的趋势,资源向大型零售企业聚集。零售商通过优质服务,可以吸引更多的顾客购买,从而扩大市场份额。为了满足更多的顾客需求,零售商可以通过扩大规模(规模扩张的模式有:自己通过资金积累新开店铺、利用他人资金采取加盟的方式或通过并购的方式。当前我国零售企业通常采用后两种方式,实施规模的较快速扩张。而且,我国零售业大多数规模扩张都采用了连锁经营的形式)[②],这样,

① 施蒂格勒.产业组织和政府管制[M].潘振民译.上海三联书店,1996:54.

② 方惠.零售企业规模扩张模式及其风险防范研究[D].华北电力大学管理学博士学位论文,2005.

在市场经济环境下，市场资源持续聚集，逐步形成具有规模经济效益的大型零售企业。

这种聚集现象的内在逻辑可以利用博弈论方法进行分析。

(1)模型假设

假设零售业市场上有两家企业，服务质量存在差异，其中一家具有一定服务质量优势(因而称之为优势零售企业，另一家称为劣势零售企业)，两家企业展开服务质量博弈，进行如下的博弈。

①博弈进程。

两个零售企业面临三阶段动态博弈。第一阶段优势零售企业选择服务质量水平；第二阶段劣势零售企业选择服务质量水平；第三阶段两个零售企业观察到服务质量水平后，同时选择自己质量服务的价格，以最大化各自的利润。(博弈时间线见图2－7)

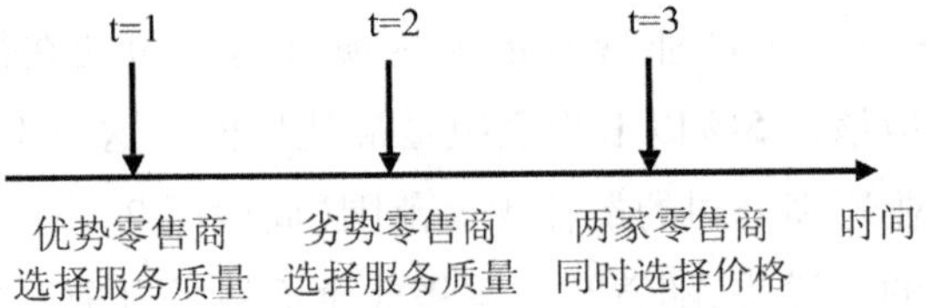

图2－7 零售企业服务质量博弈时间线

资料来源：根据博弈假设绘制。

②顾客效用函数及零售企业利润函数假设。

设顾客对零售业服务质量水平的效用函数为：

$$U = \begin{cases} \theta s - p & \text{消费服务质量为 } s\text{，价格为 } p \\ 0 & \text{不消费} \end{cases}$$

式中 s 表示服务质量特征数，表示当 $s = 1$ 时顾客所获得的效用，称为顾客服务质量偏好系数(或口味系数)，$\theta s - p$ 为顾客剩余。假设 θ 是一个随机变量，且服从在 $[0,\bar{\theta}]$ ($\bar{\theta}$ 为顾客服务质量偏好系数上限)上的均匀分布。

当市场上零售企业服务质量相同时(假设都为 s)，顾客选择服务的条件是 $U = \theta s - p \geq 0$，即 $\theta \geq \frac{p}{s}$，所以顾客需求 $D = \bar{\theta} - \frac{p}{s}$。

当市场上零售企业服务质量不相同时，由于两个零售企业在服务质量上有优劣之分，低质量和高质量零售企业服务质量分别用 s_l、s_h 表示，且 $0 \leq s_l \leq s_h \leq \bar{s}$，

$\bar{s}$ 为服务质量上限;服务价格分别为 p_l、p_h ,且 $p_l \leq p_h$;顾客需求分别为 D_l、D_h 。顾客对两种服务质量效用无差异时, $U_h = U_l$,即 $\theta s_h - p_h = \theta s_l - p_l$,得 $\theta = \frac{p_h - p_l}{s_h - s_l} = \frac{\Delta p}{\Delta s}$,记为 $\tilde{\theta}$ 。当 $\theta \in [0,\theta_l)$ 时,顾客不消费;当 $\theta \in [\theta_l,\tilde{\theta})$ 时,顾客选择低质量的服务;当 $\theta \in [\tilde{\theta},\bar{\theta}]$ 时,顾客选择高质量服务。这时,优势零售企业需求函数为: $D_h = \bar{\theta} - \tilde{\theta}$;劣势零售企业需求函数为: $D_l = \tilde{\theta} - \theta_l$ 。其中: $\theta_l = \frac{p_l}{s_l}$, $\theta_h = \frac{p_h}{s_h}$, $\tilde{\theta} = \frac{p_h - p_l}{s_h - s_l} = \frac{\Delta p}{\Delta s}$ (如图 2 - 8 所示)。

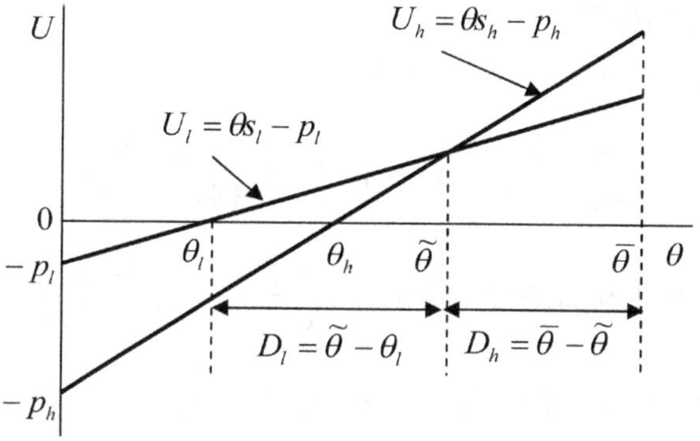

图 2 - 8 零售企业服务质量博弈

资料来源:根据博弈假设绘制。

劣势零售企业和优势零售企业利润函数分别以边际成本 c_l、c_h 提供服务,利润函数分别为:

$\pi_l = (p_l - c_l)D_l$, $\pi_h = (p_h - c_h)D_h$ 。

该博弈就是在需求约束(顾客效用最大化)下,两个零售企业利润最大化问题。

$\max\limits_{p_h,s_h}\pi_h = (p_h - c_h)D_h$; $\max\limits_{p_l,s_l}\pi_l = (p_l - c_l)D_l$

s. t. $D_h = \bar{\theta} - \tilde{\theta}$; $D_l = \tilde{\theta} - \theta_l$; $s_h \leq \bar{s}$; $s_l \leq \underline{s}$ 。

(2)模型求解

该博弈为完全信息动态博弈,采取逆推归纳法求解:

第一步,计算均衡价格表达式。

由一阶条件: $\frac{\partial \pi_h}{\partial p_h} = D_h - \frac{p_h - c_h}{\Delta s} = 0$, $\frac{\partial \pi_l}{\partial p_l} = D_l - (p_l - c_l)(\frac{1}{\Delta s} + 1) = 0$;

可得零售企业的价格反应函数：$p_h^R = \dfrac{\bar{\theta}\Delta s + p_l + c_h}{2}$，$p_l^R = \dfrac{p_h s_l + c_l s_h}{2s_h}$；

进而得到均衡价格：$p_h^* = \dfrac{2s_h\bar{\theta}\Delta s + 2s_h c_h + s_h c_l}{4s_h - s_l}$，$p_l^* = \dfrac{p_h^* s_l + c_l s_h}{2s_h}$；

特别地，当 $c_l = c_h = 0$ 时①，均衡价格表达式为 $p_h^* = \dfrac{2\bar{\theta}s_h\Delta s}{4s_h - s_l}$，$p_l^* = \dfrac{\bar{\theta}s_l\Delta s}{4s_h - s_l}$。

第二步，计算均衡服务质量。

将均衡价格表达式带入利润函数得到：

$\pi_h = p_h^* D_h = \dfrac{4\bar{\theta}^2 s_h^2\Delta s}{(4s_h - s_l)^2}$，$\pi_l = p_l^* D_l = \dfrac{\bar{\theta}^2 s_h s_l\Delta s}{(4s_h - s_l)^2}$；

由劣势零售企业利润函数一阶条件：$\dfrac{\partial\pi_l}{\partial s_l} = \dfrac{\bar{\theta}^2 s_h^2(4s_h - 7s_l)}{(4s_h - s_l)^3} = 0$；

可得到劣势零售企业的质量反应函数：$s_l^R = \dfrac{4s_h}{7}$；

带入优势零售企业利润函数得到：$\pi_h = \dfrac{7\bar{\theta}^2 s_h}{48}$；

因为 $\dfrac{\partial\pi_h}{\partial s_h} = \dfrac{7\bar{\theta}^2}{48} > 0$，$\pi_h$ 是 s_h 的增函数，故取 $s_h^* = \bar{s}$，此时 $s_l^* = \dfrac{4\bar{s}}{7}$。

第三步，计算均衡结果。

将均衡质量带入相应表达式中，可以得到均衡价格：$p_l^* = \dfrac{\bar{\theta}\bar{s}}{14}$，$p_h^* = \dfrac{\bar{\theta}\bar{s}}{4}$；均衡需求：$D_l^* = \dfrac{7\bar{\theta}}{24}$，$D_h^* = \dfrac{7\bar{\theta}}{12}$；均衡利润：$\pi_l^* = \dfrac{1}{48}\bar{\theta}^2\bar{s}$，$\pi_h^* = \dfrac{7}{48}\bar{\theta}^2\bar{s}$。

(3)结论分析

比较两家零售企业的均衡结果可以发现：优势零售企业与劣势零售企业相

---

① 如果优势企业除具有服务质量优势，还有其他一些优势，比如：规模优势、技术优势、效率优势等，那么提供高质量服务的边际成本就有可能和劣势企业的提供低质量服务的边际成本，甚至更低。所以，假设两种质量成本相等有实际意义。等于0的假设，是博弈分析中通常只考虑增量变化的一种做法。

比，市场规模比为 $D_h^*:D_l^* = \frac{7\bar{\theta}}{12}:\frac{7\bar{\theta}}{24}=2:1$；市场份额比为$\frac{D_h^*}{D_h^*+D_l^*}:\frac{D_l^*}{D_h^*+D_l^*}=3:1$；利润比为 $\pi_h^*:\pi_l^* = \frac{7}{48}\bar{\theta}^2\bar{s}:\frac{1}{48}\bar{\theta}^2\bar{s}=7:1$。

市场资源（顾客资源、利润）向优势企业聚集，最终形成两个企业销售规模差异。优势企业逐步变为大型企业，大型企业规模优势（在长期平均成本还没有表现出规模不经济之前）又可以转化为成本优势。并且，大型企业有更多的人力、财力和物力投入研究和开发（R&D）或称为创新①，形成更大的服务质量优势。如此发展下去，市场资源持续向大型零售企业聚集。

可以看出，零售企业的行为差异，造成服务质量的差异，最终可以逐步形成企业的规模变动，形成规模的差距；规模差距在加大的过程中，会进一步引起企业的行为变化。众多零售企业的规模变化和行为变化汇总起来，就变现出零售业市场结构的演进。

总结我国零售业市场结构演变的主要有两方面的原因，一是我国经济的快速发展从供给和需求等方面为零售业快速发展源源不断地注入动力，这是推动零售业发展的外部环境，或外部原因；二是我国零售业市场中企业的规模经济效益决定了零售业市场结构演进的趋势，零售企业为获得规模经济优势而不断扩大规模展开竞争，从而推动我国零售市场结构演进，这是内部原因。我国零售业市场结构演进可以概括为图 2－9。

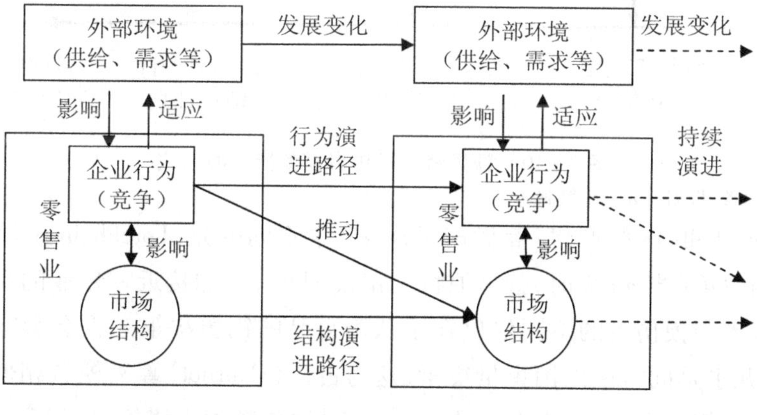

图 2－9 零售业市场结构演进示意图

资料来源：根据零售市场结构演进动力机制分析总结绘制。

① Schumpeter J. A. Capitalism, Socialism and Democracy [M]. New York: Harper and Row, 1942.

2.4 零售业市场结构演进模型

外部环境推动我国零售业快速发展，是零售业市场结构演进的外因，外因要通过内因起作用。我国零售业的相对成本特征是决定市场结构的演进趋势的内因。相对成本的规模经济特征使得我国零售企业的长期平均成本呈现保持不变或上升速度缓慢，决定了零售业市场结构演进的寡头趋势。接下来通过建立博弈模型分析我国零售业市场结构向寡头趋势演进时，厂商的行为，以及行为后果。

2.4.1 模型假设

假设市场中共有 n 个零售企业销售同质商品。前 m 个零售企业作为领导者制定价格；后 $n-m$ 个零售企业认为其销售量不影响市场价格，按照领导者制定的价格进行销售，这种行为看起来就像是在模仿领导者的价格策略，称这 $n-m$ 个零售企业为模仿者。模仿者按边际成本等于市场价格进行销售。领导者知道模仿者的策略，根据市场价格由总销售量决定，来制订销售计划。最终市场出清，市场价格由总销售量决定。（博弈进程如图 2－10 所示）

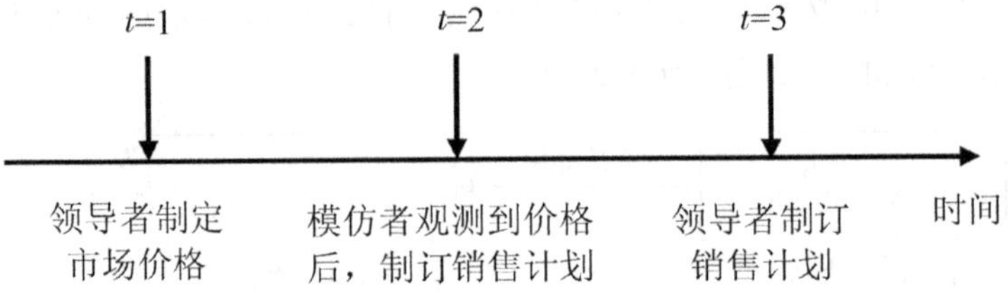

图 2－10 领导者—模仿者模型博弈时间线

资料来源：根据博弈假设绘制。

与 Stackelberg 模型（厂商做产量决策）中不同的是，Forchheimer 模型企业是做价格决策（当 $n=2$ 时，就是伯特兰德模型[①]），更加接近零售业的现实。这里的领导者与模仿者的不同仅仅在于认为自己的销售决策是否会影响市场价格，他们几乎是同时做出销售量决策，这与古诺（Cournot）寡头模型相似。在随后的推导可知：当 $m=0$ 时，Forchheimer 模型就转换为古诺模型。当 $m=n$ 时，

① 伯特兰德模型存在所谓的“伯特兰德悖论”，即：即使只有两家垄断企业，当他们做价格决策时，均衡价格等于边际成本。从本章后面的分析可以看出，当 $n>2$ 时，这种情况不会出现。参见：泰勒尔. 产业组织理论［M］. 北京. 中国人民大学出版社，1997；270－273.

所有的零售企业同为模仿者,Forchheimer 模型转换为完全竞争市场情形。正是由于这种特点,使得 Forchheimer 模型适用于分析从完全竞争向古诺寡头过渡的市场结构。

假设市场逆需求函数为 $P(Q) = A - BQ$,其中 A,B 为大于零的常数。$P(Q)$ 为市场价格, $Q = Q_m + Q_{n-m}$, $Q_m = \sum_{j=1}^{m} q_j$, $(j = 1,\ldots,m)$ 为领导者的总销售量, $Q_{n-m} = \sum_{k=m+1}^{n} q_k$, $(k = m+1,\ldots,n)$ 为模仿者的总销售量。并假设所有零售企业有相同的成本函数: $C(q_i) = \frac{c}{2}q_i^2 + dq_i + e$, $(i = 1,\ldots,n)$,其中 c,d,e 为常数, $c > 0,d \geq 0,e \geq 0$ 。另外,为了保证至少有一件商品出售,要求 $P(1) \geq \left.\frac{\partial C}{\partial q}\right|_{q=1}$,即 $A - B \geq c + d$,或 $A - d \geq B + c > 0$ [①]。

2.4.2　模型求解

(1)均衡价格

该博弈属于完全信息动态博弈,使用逆推归纳法求解。

第一步,模仿者利润最大化,目标函数为: $\max\limits_{q_k}\pi_k = Pq_k - C(q_k)$, $(k = m+1,\ldots,n)$ 。

由一阶条件 $\frac{\partial \pi_k}{\partial q_k} = P - \frac{\partial C(q_k)}{\partial q_k} = 0$,得到: $q_k = \frac{P-d}{c}$, $(k = m+1,\ldots,n)$ 。根据对称性有 $Q_{n-m} = (n-m)\frac{P-d}{c}$ 。

第二步,领导者利润最大化,目标函数为:

$\max\limits_{q_j}\pi_j = P(Q)q_j - C(q_j)$, $(j = 1,\ldots,m)$ 。

$\frac{\partial \pi_j}{\partial q_j} = P(Q) - \frac{\partial C(q_j)}{\partial q_j} + \frac{\partial P(Q)}{\partial q_j} = 0$ 。

得到: $P(Q) = A - B(Q_m + Q_{n-m}) = A - BQ_m - B(n-m)\frac{P-d}{c}$,

即 $P(Q) = \frac{Ac - Bc\sum_{j=1}^{m} q_j + (n-m)Bd}{c + (n-m)B}$ 。

---

① 这个假设的作用随后可以看到。

第三步,计算均衡价格:将价格表达式带入一阶条件,根据对称性得到均衡价格,记为 P_F^* ,$P_F^* = \frac{Ac^2 + (n-m+1)ABc + nBdc + (n-m)(n+1)B^2d}{[c+(n+1)B][c+(n-m)B]}$。

计算完全竞争及古诺竞争均衡价格可知(计算略):当 m = 0 时,所有零售企业都为模仿者(或称为价格接受者),此时为完全竞争市场结构,均衡价格记为 P_P^* ,$P_P^* = \frac{Ac + nBd}{c + nB}$。当 m = n 时,所有零售企业都为领导者,此时为古诺寡头市场结构,均衡价格记为 P_C^* ,$P_C^* = \frac{A(B+c) + nBd}{c + (n+1)B}$。

考察 P_F^* 随 m 的变化趋势,假设 P_F^* 对 m 可微:

$$\frac{\partial P_F^*}{\partial m} = \frac{(A-d)B^2c}{[c+(n+1)B]\,[c+(n-m)B]^2} > 0\ (\text{因为 } A-d>0),$$

$$\frac{\partial^2 P_F^*}{\partial m^2} = \frac{2(A-d)B^3c}{[c+(n+1)B]\,[c+(n-m)B]^3} > 0。$$

可知 $P_P^* \le P_F^* \le P_C^*$,$(m = 0,\ldots,n)$,P_F^* 是 m 的严格递增函数,当 m 由 0 增加到 n 的过程中,均衡价格呈 J 形加速提高。(见图 2－11)

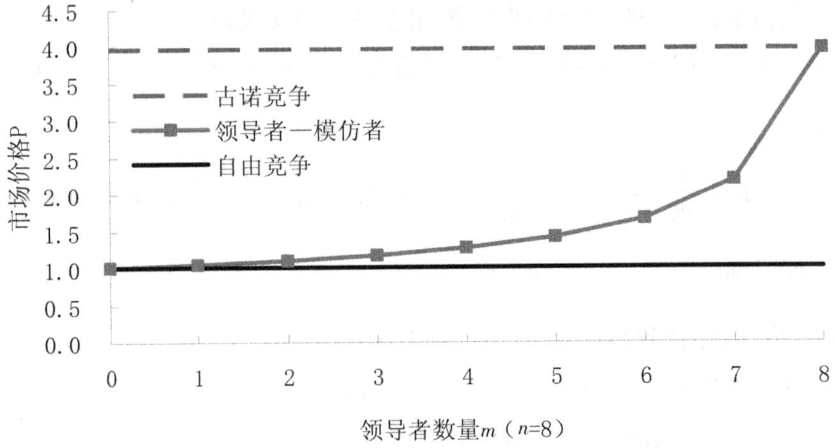

图 2－11　三种市场结构市场价格比较

资料来源:根据对博弈均衡结果进行参数设置绘制。

(2)市场势力

市场势力(Market Power)是指在不完全竞争条件下,单个或一组联合的厂商运用自身的优势(成本,技术,销售渠道等),在一段时间内将产品价格定在边际成本之上的能力,而且这种价格加成能力不会带来销售量的大量减少。加成能力越大,市场势力越大。对于卖方来说,市场势力也就是卖方的垄断倾向。

卖方市场势力一般由勒纳指数(Lerner index)(阿巴·勒纳 A. P. Lerner,1937)来衡量。勒纳指数通过对价格与边际成本偏离程度的度量,反映了市场中垄断力量的强弱。

勒纳指数计算公式为:$L = \frac{1}{\varepsilon} = \frac{p - c}{p}$

其中:ε 是价格需求弹性,p 是市场价格,c 是边际成本。

勒纳指数在 0 到 1 之间变动,勒纳指数越大,市场中的垄断力量越强;反之,竞争程度越高。由于在完全竞争市场结构中价格就等于边际成本,所以其勒纳指数为零。可见勒纳指数与企业拥有的市场势力呈正向相关,并与其所处于的市场结构类型有关。从完全竞争市场、垄断竞争市场、寡头垄断市场到完全垄断市场,勒纳指数呈递增趋势。

零售业市场随着领导者数量 m 的增加,勒纳指数呈 J 型加速上升,说明零售企业的市场势力随着 m 的增加在加速增强。(见图 2－12)

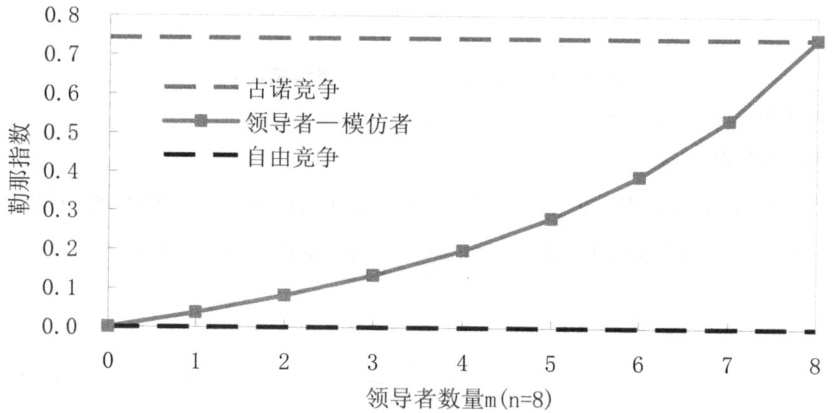

图 2－12　三种市场结构市场势力比较

资料来源:根据对博弈均衡结果进行参数设置绘制。

(3)零售市场总销售量

由逆需求函数:$P(Q) = A - BQ$ 和均衡价格

$$P_F^* = \frac{Ac^2 + (n - m + 1)ABc + nBdc + (n - m)(n + 1)B^2 d}{[c + (n + 1)B][c + (n - m)B]},$$

可以计算出市场均衡时,零售市场总销售量:$Q_F^* = \frac{A - P_F^*}{B}$。

作为对比分别计算市场结构为自由竞争和古诺寡头时市场总销售量:

自由竞争 $Q_P^* = \frac{A - P_P^*}{B} = \frac{n(A-d)}{c+nB}$，古诺竞争 $Q_C^* = \frac{A - P_C^*}{B} = \frac{n(A-d)}{c+(n+1)B}$。

市场均衡总销售量随领导者数目 m 增加，呈反J形下降。（见图2－13）

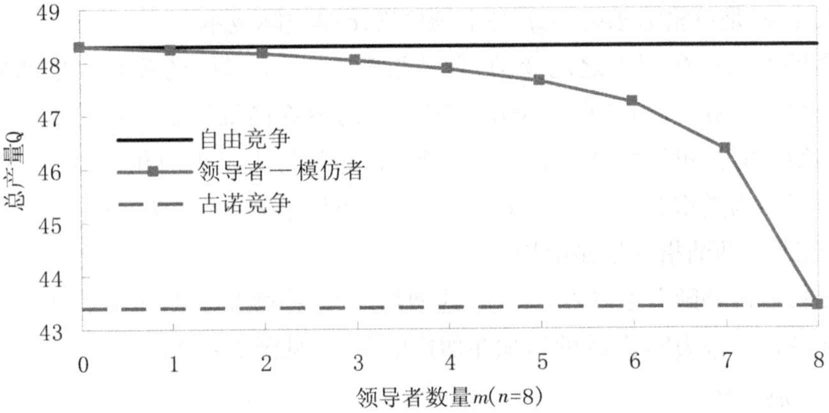

图2－13　三种市场结构总销售量比较

资料来源：根据对博弈均衡结果进行参数设置绘制。

(4) 商品零售额

随领导者数目 m 增加，虽然市场均衡时，总销售量下降，但市场均衡价格上升，并且价格上升的速度更快，所以市场上商品零售额呈加速上升。（见图2－14）

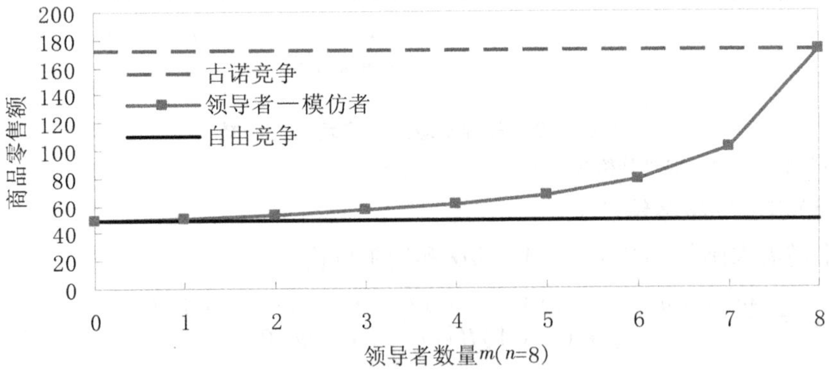

图2－14　三种市场结构商品零售额比较

资料来源：根据对博弈均衡结果进行参数设置绘制。

(5)市场集中度

由于赫希曼指数具有数学上绝对法和相对法的优点使它成为较理想的市场集中度计量指标,这里使用赫希曼指数(HHI)来度量市场集中度。

按照公式:$HHI = \sum_{i=1}^{n} (\frac{X_i}{X})^2 = \sum_{i=1}^{n} S_i^2$

其中:X 是某行业市场的总规模,X_i 是第 i 个企业的规模,$S_i = X_i/X$ 是第 i 个企业的市场占有率,n 是该行业内的企业数。(计算结果见图 2 - 15)

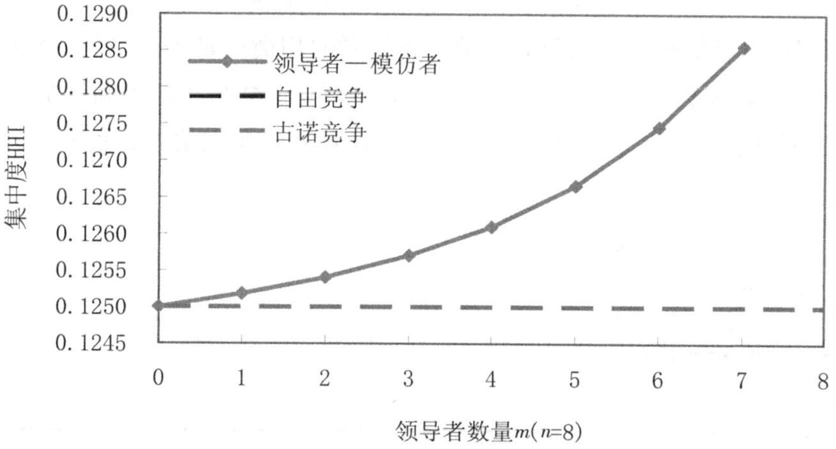

图 2 - 15　三种市场结构市场集中度比较

资料来源:根据对博弈均衡结果进行参数设置绘制。

可以看出,自由竞争和古诺寡头竞争市场结构中,由于所有零售企业的市场份额都相同,所有此时的市场集中度最低,如图 2 - 15 中虚线所示。市场结构为自由竞争和古诺寡头竞争演进过程中,市场集中度随领导者数量的增加而逐步提高。

2.4.3 结论分析

分析了市场总体情况后,接下来对比分析领导者和模仿者的情况。主要对比他们的销售量和利润。

(1)领导者与模仿者均衡销售量比较

模仿者均衡销售量由 $q_k = \frac{P - d}{c}$, $(k = m + 1, \ldots, n)$,计算可得到:

$$q_k^* = \frac{P_F^* - d}{c}, (k = m + 1, \ldots, n),$$

领导者均衡销售量由 $P(Q) = A - B(Q_m + Q_{n-m}) = A - BQ_m - B(n - m)\frac{P - d}{c}$,计算可得到:

$$q_j^* = \frac{A - P_F^*}{mB} - \frac{n-m}{m} \cdot \frac{P_F^* - d}{c}$$

$$= \frac{Ac + (n-m)Bd - [B(n-m) + c]P_F^*}{mBc} = \frac{A-d}{c + (n+1)B} (j = 1,2,\cdots m)。$$

市场结构为自由竞争和古诺竞争时单个零售企业销售量分别为：

自由竞争 $q_P^* = \frac{A-d}{c+nB}$，古诺竞争 $q_C^* = \frac{A-d}{c+(n+1)B}$。

可以看出，随领导者数目增加，单个领导者的均衡产量不变，仍保持在古诺竞争时的产量水平；而单个模仿者的产量却随领导者数目增加不断增加。从社会供给的角度来看，主要是模仿者的贡献，增加了社会供给。（计算结果见图2-16）

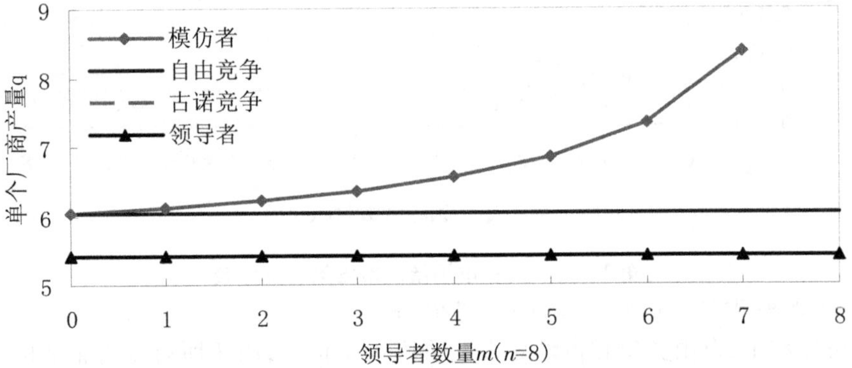

图2-16　三种市场结构领导者与模仿者产量比较

资料来源：根据对博弈均衡结果进行参数设置绘制

（2）领导者与模仿者均衡利润比较

领导者均衡利润为：$\pi_j^* = P_F^* q_j^* - C(q_j^*)$，$(j = 1,\ldots,m)$；

模仿者均衡利润为：$\pi_k^* = P_F^* q_k^* - C(q_k^*)$，$(k = m+1,\ldots,n)$。

计算比较可知，领导者—模仿者模型下，随领导者数目增加，领导者与模仿者的利润都是增长的。但是模仿者的利润总是高于领导者利润。并且，随领导者数目增加，模仿者利润增长幅度也高于领导者利润增长幅度。（计算结果见图2-17）

2.4.4　考虑合谋的模型

前面分析，$(n-m)$领导者—模仿者模型中，领导者的产量和利润低于模仿

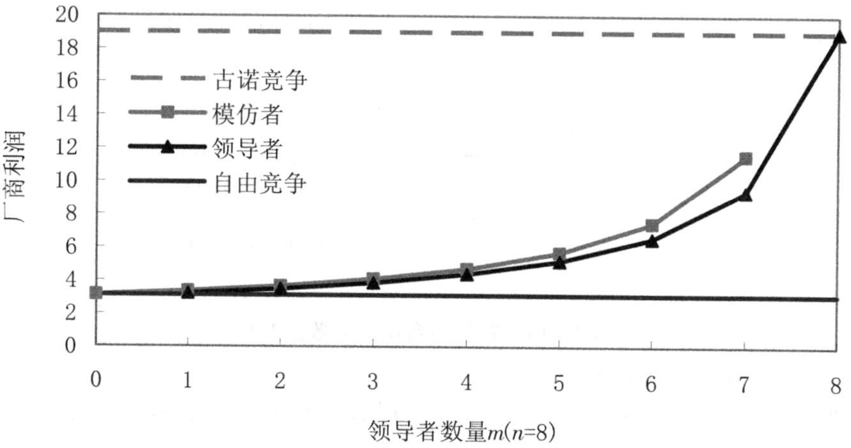

图 2-17　三种市场结构领导者与模仿者利润比较

资料来源：根据对博弈均衡结果进行参数设置绘制

者，这与现实的情况不符。为此模型需要进行拓展，可以进行拓展的因素包括：领导者有更低的成本、模仿者有产能限制、领导者进行合谋，等等。这里仅考虑领导者合谋的情况。

张伯伦(1929)①认为在生产同类产品的寡头垄断中，厂商会认识到他们之间的相互依存性，因而能够不必实行明显的勾结而维持垄断价格。寡头垄断厂商能够以一种纯粹非合作的方式进行勾结。Selten(1973)证明"四个是少，六个是多"命题：如果企业能够制订一个可实施的卡特尔协议，四个或更少企业构成的"小"市场中所有企业都会加入；而六个或更多企业构成的"大"市场中只有部分企业加入。Wolfstetter E(1999)用博弈论证明了该命题②。

假设市场上只有两个零售企业，合谋时，各得垄断利润(Π^m)的一半；不合谋时，分别得到古诺利润(π_c)；一方合谋，另一方背叛时，背叛方得到背叛利润(π_{cc})，合谋方得到合谋遭背叛利润(π_{cd})。合谋是典型的"囚徒困境"博弈(因为 $\pi_{cc} > \frac{\Pi^m}{2} > \pi_c > \pi_{cd}$)(博弈收益矩阵见图 2-18)。通过无限期完全信息重复博弈或有限期不完全信息的"声誉模型"可以实现垄断利润，从而维持比古诺竞争更高的垄断价格③。

① Chamberlin E. Duopoly: Value Where Sellers Are Few[J]. Quarterly Journal of Economics. 1929. 43: 63-100.

② Wolfstetter E. Topics in Microeconomics: Industrial Organization, Auctions and Incentives[M]. Cambridge University Press. 1999: 100-102.

③ Tirole J. The Theory of Industrial Organization [M]. 中译本. 中国人民大学出版社, 1996.

		零售商2	
		合谋	不合谋
零售商1	合谋	$\frac{\Pi^m}{2},\frac{\Pi^m}{2}$	π_{cd} ，π_{cc}
	不合谋	π_{cc} ，π_{cd}	π_c ，π_e

收益(零售商1,零售商2)

图2－18　零售商合谋博弈收益矩阵

资料来源:根据对博弈假设绘制

当市场中领导者较多时,可能出现合谋现象(这里假定 $m \geqslant 6$ 时出现①)。假定合谋以概率 $\alpha \in [0,1]$ 出现,这样当 $m \geqslant 6$ 时, $P = \alpha P^m + (1-\alpha)P_F^*$ 。再考虑市场随机因素影响,设 $\varepsilon \in [-1,1]$ 是一个随机变量,市场价格存在 ±15% 的波动。市场价格由下面公式给出:

$$P = \begin{cases} (1+0.15\varepsilon)P_F^* & m < 6 \\ (1+0.15\varepsilon)[\alpha P^m + (1-\alpha)P_F^*] & m \geqslant 6 \end{cases}$$

当 $\alpha = 0.5$ 时,对考虑合谋的 $(n-m)$ 领导者—模仿者模型进行三次模拟。(模拟结果见图2－18)

从模拟图可以看出,包含合谋的 $(n-m)$ 领导者—模仿者模型的模拟效果,代表市场由于自由竞争结构,演变为寡头垄断结构过程中,当合谋出现时,市场价格会较没有合谋高出许多。在这一演变过程,起因是,一部分具有优势的零售企业,他们或者是对市场需求有比较准确的估计,或者是具有规模上的优势,在合谋的激励下,达成秘密协议,共同成为涨价的领导者;其他零售企业观察到价格上涨信息后,受到"搭便车"的激励,也跟风涨价。

通过使用 $(n-m)$ 领导者—模仿者模型对我国零售市场结构演进的解释可以看出:在一定条件下,自由竞争市场结构可以自发地向寡头垄断结构演进。这种演进对于零售企业有利有弊。有利的方面表现在,提高了零售企业竞争力(市场势力提高了);提高了零售企业的生存能力(零售企业的利润提高了);扩大了需求(市场消费总额提高了)。不利的方面表现在,合谋如果受到法律法规的限制,合谋者可能要面临制裁的风险;容易造成价格的大起大落,增大市场风险,不利于市场长期稳定发展;如果零售企业不是从准确预测市场需求的角度

① 故本书将合谋的零售商选为三个。

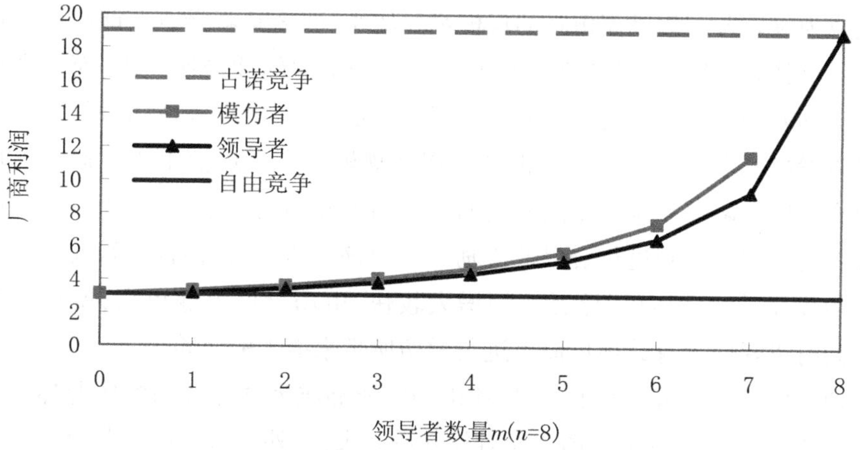

图 2-19 考虑合谋的领导者—模仿者模型市场价格

资料来源:根据对博弈均衡结果进行参数设置绘制

而是从投机的角度提高价格,有可能面临的是巨大损失而不是利益。

通过$(n-m)$领导者—模仿者模型的建立及模拟,可以对于分析我国零售业市场结构演进带来重要启示:

由于在市场由自由竞争向古诺寡头竞争演进过程中,卖方市场势力增强。这就使得作为卖方的领导者和模仿者受到的激励,来促成演进的实现。市场由自由竞争向古诺寡头竞争演进时,领导者在不增加产量的条件下,却可以提高价格,增加了利润。这样领导者会受到激励,努力推动市场结构的演进。因为模仿者可以通过模仿领导者的行为提高自己的利润。并且,在市场由自由竞争向古诺寡头竞争演进过程中,随领导者数目占零售企业总数比重的增加,模仿者的利润增长幅度也会提高。所以模仿者进一步受到模仿领导者行为的激励,他搭了领导者的便车。作为一个领导者是有很大风险的。如果一个厂商提高价格,但是其他厂商不跟着提高价格,那么涨价的厂商将面临市场份额降低的巨大损失。因此,市场由自由竞争向古诺寡头竞争正向演进对领导者有较高的要求。由于领导者的需求是模仿者满足市场需求后的剩余需求,这就要求领导者必须能够准确地了解市场需求曲线和其他厂商的供给曲线,这样才能确定自己利润最大化的产量和价格;而对跟随者,只是价格的接受者,决定其利润最大化的产量与价格容易得多。当某个厂商在获取信息、判断市场变化趋势等方面具有公认的特殊能力,该厂商产品价格的变动,就起到了传递某种信息的作用,因此其他厂商会根据该厂商产品价格的变动而相应变动自己产品的价格。这时,具有信息优势的厂商才可以成为领导者。在现实中具有规模优势的厂商也可能成为领导者。如果模仿者的规模都比较小,那么其就会有产能约束。这样剩余需求就会比较高,提高价格对大厂商市场份额的冲击比较小,而提高价格带来的利润增加较大,就会激励更多的具有规模优势的厂商成为领导者。从这里可以看出现实中一般定价权都是掌握在规模较大的厂商手中。面对市场由自由竞争向古诺寡头竞争正向演进的有利因素和不利因素,市场中有势力成为领导者的厂商会受到进行合谋的激励。因为秘密达成涨价协议后,几个厂商同时成为领导者,市场中领导者比例增大较快,市场价格上涨更高,所得利润更大。同时也降低了有其他厂商不进行模仿所带来损失的风险。

通过以上分析可以知道,零售业市场中能够成为领导者和模仿者都是有条件的。2004 年我国零售市场全面对外开放以来,国外大型零售企业纷纷来华投资,给我国零售业带来了前所未有的竞争压力,但应该看到,我国零售业也在不断发展壮大。我国零售企业在市场上表现的是一种模仿行为,在面对国外零售巨头的领导者面前,不考虑自身的条件,盲目模仿,可能不仅无益,反而有害。现实中的模仿是受许多条件制约的,例如资金约束、技术约束、制度约束,等等。

所以说,我国现阶段零售业中本土零售企业对国外大型零售企业的模仿学习是受约束的模仿,在这种条件下的模仿行为,应当有主次之分,先后之别。其中最重要的模仿行为应当是制度模仿,只有学习和掌握了国外大型零售企业先进的管理制度,其他的模仿行为才有成功的基础。在此基础上,在进行其他行为的模仿,如扩大规模的企业重组行为。如果没有制度支持,成为大企业容易,但要成为强企业就困难得多。在我国不乏盲目求大重组失败的例子。只有在具备应有的条件下,模仿行为才能带来预期的利益。

综合上述对我国零售业市场结构演进的宏观动因和微观动因的分析,可以归纳出我国零售业市场结构演进动力机制及演进路径。(如图 2 – 9 所示)

我国流通体制改革是零售业市场结构演进的宏观动因,微观动因是零售业市场内部零售企业的竞争行为。流通体制变革改善了我国零售市场外部环境,从而影响零售商的竞争行为发生变化;零售商的竞争行为与零售市场结构相互影响,使得市场资源向优势零售企业聚集,逐步形成大型零售商;大型零售商的竞争行为又引起零售市场结构指标(包括集中度、差异化和进入壁垒等)的变化,从而推动零售业市场结构的演进。宏观动因和微观动因的共同作用,形成了我国零售市场结构演进的动力机制,推动我国零售市场结构从自由竞争格局,逐步向寡头垄断格局演进。

3. 我国零售业寡头市场雏型形成及其基本特征

改革开放为我国零售业快速发展持续注入动力,零售业受自身成本特征朝向寡头趋势发展。在我国零售寡头企业按所有制形式分类主要有三种不同的成长路径,内资私营零售企业、内资国有零售企业和外资零售企业。

3.1　寡头企业成长的基本路径

我国大型零售企业按所有制形式分类主要有三种:内资私营零售企业、内资国有零售企业和外资零售企业。这三类零售企业在局部领域占据市场份额较大,并且数量不多,称为寡头。三类寡头零售企业是在相同的市场背景下成长起来的。20 世纪 90 年代中期,我国向市场经济转型,逐步形成了通过市场竞争、优胜劣汰的市场环境,优势零售企业通过兼并联合逐步成长为寡头企业,但是,它们的成长路径各有不同的特点。

3.1.1　私营零售企业:创办、上市、扩张

改革开放解放了人们的思想,私营企业发展迅猛。一部分头脑灵活具有企业家精神的创业者投身商业领域。20 世纪 80 年代流传的"十亿人民九亿商,还有一亿待开张",是改革初期的写照。在不断完善的市场经济环境中,随着不断增强的市场竞争,优胜劣汰。一小部分私营零售企业迅速崛起,例如,国美电器和苏宁电器,在激烈的市场竞争环境中,通过顺应市场环境变化和适应消费者需求变化,销售规模不断扩大,市场份额逐步提高。通过开设连锁店的方式占领市场,成长速度非常快。在具有一定实力的时候,通过上市融资,兼并重组等形式持续扩张,快速成长,成为行业寡头。

3.1.2 国有大型零售企业:改制、转型、上市、扩张

改革开放为旧体制下发展不利的国有大型零售企业带来了新的希望。国有大型零售企业凭借自身优势,如品牌和商号在老百姓中享有的信誉,拥有本土文化和同胞亲情亲和力,与众多厂商有稳定的渠道合作关系,等等。通过改制转型,借鉴国外先进管理制度和组织形式,与自身优势相结合,可以使大型零售企业脱胎换骨,重获新生。例如:上海百联利用它的门市网点、仓库及供应商资源,引入连锁营销制度,发展新业态,成功地实现改制转型。不仅盘活了存货资产,而且增加了投资,扩大销售规模,快速成长。在具有一定实力的时候,通过上市融资,兼并重组等形式持续扩张,持续快速成长,形成行业寡头。

3.1.3 外资跨国零售集团挟品牌优势,强势进入,迅速占领寡头位置

外资零售企业[①]进入中国市场的战略决策是与中国零售商业领域对外开放政策的变动息息相关的。具体来看,外资零售企业在中国市场的扩张历程可划分为以下几个阶段:定点试验阶段(1992—1995 年);起步阶段(1995—1999 年);2001 起开始进入快速扩张阶段[②]。由于进入我国的国外零售企业大多都是资金雄厚、管理制度完善、管理技术条件优良、经营理念先进、组织化程度高的大型零售企业,虽然,相对于我国本土零售企业是后来者,但是,外资零售业在规模、经营效益和发展速度上都表现出本地零售业的优势。例如,美国的沃尔玛和法国的家乐福是典型的外资零售寡头企业,在大型超市领域占据优势。

3.2 我国零售业市场集中度

3.2.1 利用传统方法计算零售业市场集中度的不足

由于现代零售业内业态多样,企业众多,以往对零售产业集中度的界定都是以全国零售业内最大的前 4 家或前 8 家零售商的年销售额之和占社会消费

---

① 零售企业按照统计年鉴中的按注册类型分类:包括内资企业、港澳台商投资企业和外商投资企业。其中内资企业包括国有企业、集体企业、股份合作企业、联营企业、有限责任公司、股份有限公司、私营企业和其他企业 8 大类。

② 荆林波. 关于外资进入中国流通业问题的研究 [J]. //宋则等. 中国流通理论前沿(4). 社会科学文献出版社,2006;279 - 280.

品零售总额的比例来计算 CR_4 或 CR_8，从而得出零售业是集中度极低的原子型产业。这种方法只是纯粹照搬了主要用于计算制造业集中度的方法，并没有考虑到零售业的产业特点以及发展态势，因此，其结论未必准确。总的来看，以往零售产业集中度的计算方法忽略了以下几个重要因素：

（1）我国零售业市场的二元经济特征

我国大型零售企业主要集中在一线城市，虽然现在一些大型零售企业开始向二、三线城市扩张，还没有表现出开始向农村布局的趋势。农村的集中度低，城市集中度高。而且，由我国的二元经济特征，农村的零售业和城市的零售业并不表现出很强的竞争关系。如果忽略了我国零售业市场的二元经济特征，简单地以全国零售产业内最大的前 4 家或前 8 家零售商的年销售额之和占社会消费品零售总额的比例来计算 CR_4 或 CR_8，则会把本身并无明显竞争关系或根本没有竞争关系的零售企业笼统地划归到竞争关系中去，必然会使零售产业集中度的计算结果偏小，从而夸大了零售产业的竞争程度。

（2）零售业商圈的相当独立性

陈阿兴、陈捷（2004）[①]认为零售业地区市场具有相对独立性，并根据《中国零售业白皮书 2002》披露数据，截止到 2001 年年底，我国零售业内的单体商店比重高达 92.25%，连锁型商店比重不足 8%，而且连锁型商店的平均店铺不到 20 个，其中真正能实行跨地区或全国性连锁的零售企业却很少。得出那时我国的零售业从整体上来说仍然是地区市场独立性较强的产业，不能忽略零售业地区市场独立性特征，简单地以全国零售产业内最大的前 4 家或前 8 家零售商的年销售额之和占社会消费品零售总额的比例来计算 CR_4 或 CR_8。否则会使零售产业集中度的计算结果偏小，从而夸大了零售产业的竞争程度。然而当前，我国零售业跨区域扩张已经今非昔比：2010 年销售额过百亿元的 45 家零售企业中，区域性企业有 24 家，占比达到 53.3%，比 2009 年有所提高。新增的 7 家销售过百亿元的企业中有 6 家是区域性企业[②]。可见上述分析的前提条件已经发生了巨大的变化，得出的结论是否对现在我国零售市场适用，也就值得商榷了。但是这种零售业市场的区域性独立性思想还是非常有启发作用的。由此提出以往零售市场集中度的计算忽略了零售业商圈的相当独立性。

商圈是指商店以其所在地点为中心，沿着一定的方向和距离扩展，吸引顾

---

① 陈阿兴，陈捷. 我国零售产业集中度的实证研究［J］. 产业经济研究 2004：（6）。

② 详见 2.2.1 节的分析。

客的辐射范围,简单地说,也就是来店顾客所居住的区域范围。无论大商场还是小商店,它们的销售总是有一定的地域范围。这个地域范围就是以商场为中心,向四周辐射至可能来店购买的消费者所居住的地点。商圈由核心商业圈、次级商业圈和边缘商业圈构成。核心商业圈是离商店最近,顾客密度最高的地方,占商店顾客的50% ~70%,核心商业圈的外围,则顾客较分散,市场占有率相对减少。商务部(2006)[①]在《零售业同业损害评估方法》(征求意见稿)中,对各个不同业态的商圈值,进行了确定。其中,便利店的商圈半径为顾客5分钟内能达到,折扣店和超市为2公里左右,仓储型会员店为5公里内,社区型购物中心在5至10公里内,市区购物中心在10至20公里内。此举意味着在这些商圈内,零售企业开店将进行同业损害评定。由此可见,虽然从理论上而言,同一产业内的企业之间必然存在竞争关系。但是,从现实来看,在现代的产业体系中,一些产品只能在生产地的有限空间内进行销售和消费,这就是地区市场的相对独立性。而零售业中的单体商店更是如此,任何商店的经营活动及其经营成果都要受到特定的商圈限制,因此,同一商圈内的商店之间存在着显著的竞争替代关系。同时,在一个总购买力相对有限的区域市场中,各个店铺所能获得的购买力不仅数额有限,而且相互之间还存在着此消彼涨的关系。因此计算零售业商圈内市场集中度是体现零售业的竞争程度的较准确的方法。但是由于当前我国零售业的统计数据中关于商圈的数据比较缺乏,因此这种商圈内集中度目前只能当作一种理论提出来。

(3)零售业各种业态的分工互补性

消费需求的多样性与时效性以及零售商之间竞争的日趋激化,使得零售业内部不断地进行着分工(陈阿兴2004)。零售业内最明显的分工就是零售业态的演化和创新,从而使现代零售业发展成为由众多业态构成的庞大产业。目前我国主要的零售业态有百货店、超市、专业店、便利店等,百货店主要经营非食品类的中高档商品,满足消费者品牌化、高档化的消费需求;超级市场主要经营食品和日常生活用品,满足消费者生活化、大众化的消费需求;专业店专门经营某一类商品,满足消费者的专业化、层次化的消费需求;便利店主要经营即时性的日常用品和食品,满足消费者的方便性、快捷性的消费需求。从中可以看出,各种零售业态所销售的商品、提供的服务和满足的消费需求是不相同的,即它

---

① 人民网.《零售业同业损害评估方法》:同业扎堆开店将受限[EB/OL].2006.8.1. http://finance.people.com.cn/GB/1038/4653778.html.

们之间的分工互补关系明显强于同业竞争关系[①],而且随着零售业态的继续分化和发展,各种业态之间的竞争关系将越来越淡化,分工互补关系将越来越明显,甚至最终可能会成为零售产业的子产业。在计算制造业或其他产业的集中度时,都是以一种产品为一个产业来计算集中度,比如计算汽车产业的集中度,则分别要计算轿车、货车、客车、专用车及其他车型各自的集中度,而以往在计算零售产业的集中度时,却忽略了各零售业态的区别,将各业态之间的分工互补关系纳入到同业竞争关系中去,这显然也会夸大零售业的竞争态势,因此其计算结果肯定与现实状况大相径庭。此外,现实中有一定规模的零售商之所以能够把收取供货商货价以外的费用(如通道费、店庆费等)变成"行业惯例",以至于国内零售商的发展建立在依靠掠夺供货商基础上,其根本原因就在于这些零售商或者在某些细分市场上,或者在某种零售业态中拥有了一定的市场势力。而衡量厂商市场势力最直接的方法就是确定集中度,虽然拥有较高集中度的厂商并不一定利用其市场势力,但拥有极低集中度的零售商却是难以取得与供货商讨价还价资格的。

3.2.2 我国零售市场集中度的计量

(1)全国城市份额市场集中度

我国零售业市场的二元经济特征,农村和城市并不表现出明显的竞争性,因此计算全国城市份额市场集中度显得非常有必要。全国城市份额市场集中度的计量,其目的就是能够确定我国城市零售业市场结构类型及其大型零售商是否拥有一定的市场势力。

其计算公式为:$CR_n = \sum_{i=1}^{n}\sum_{j=1}^{m}(\frac{X_j}{X})_i$。式中 CR_n 代表零售排行前 n 家零售商的销售额占全国城市总销售额的比重之和;X_j 是第 j 个零售商的全国城市销售额;X 是全国城市总销售额,$(\frac{X_j}{X})_i$ 表示第 i 个零售企业的全国城市市场份额。利用公式根据收集到的数据计算全国城市份额市场集中度。(见表 3-1)

① 王建府. 我国流通业零售业态创新的演化博弈论分析 [J]. 江苏商论,2010:(12)。

表 3－1　2015—2016 年我国主要零售商在全国城市市场份额(%)与集中度

零售商	2015 年	2016 年	2015 年 4 季度	2016 年 4 季度
高鑫零售集团	7.5	7.8	7.5	7.7
华润万家集团	6.5	6.2	6.3	6.1
大润发	6.2	6.5	6.3	6.4
沃尔玛集团	4.8	4.9	4.8	5
家乐福	3.3	3.1	3.2	3.1
百联集团	2.8	2.8	2.9	2.8
永辉集团	2.2	2.8	2.3	2.9
物美集团	1.6	1.7	1.7	1.9
武商联集团	1.5	1.7	1.6	1.9
欧尚	1.2	1.3	1.2	1.3
SPAR	1.2	1.3	1.2	1.3
步步高(含南城百货)	1.1	1	1	1.1
乐购	1	0.9	1	0.8
CR_4(%)	25	25.4	24.9	25.2
CR_8(%)	34.9	35.8	35	35.9

数据来源:英国市场调查机构 Kantar Worldpanel 中国消费者指数研究①

从计算结果中可以发现,全国城市份额角度的零售业市场集中度 CR_4 已经接近 30%,CR_8 已经接近 40%。根据国际流行的市场集中度分类标准,见表3－2。我国城市市场集中度即将达到寡占 V 型(CR_4 处于 30%～35%或 CR_8 处于 40%～45%),可以称之为市场结构寡头雏型。

表 3－2　市场结构贝恩分类法

集中度	市场结构					
	寡占Ⅰ型	寡占Ⅱ型	寡占Ⅲ型	寡占Ⅳ型	寡占Ⅴ型	竞争型
CR_4 值(%)	大于 85	75－85	50－75	35－50	30－35	小于 30
CR_8 值(%)	－	大于 85	75－85	45－75	40－45	小于 40

资料来源:[美]J·S 贝恩:《产业组织》[M]. 丸善. 1981 年版. P141－148

(2)零售业态集中度

由于各零售业态之间的分工互补性明显强于竞争性,因此计算各个业态的集中度显得非常有必要。零售业态集中度的计量,其目的就是能够确定某种零

① 龙商网. 10 大零售商国内市场占有率对比. 超市周刊[EB/OL],2017. 2. 20. http://mp. weixin. qq. com.

售业态的市场结构类型及其大型零售商是否拥有一定的市场势力。其计算公式为：$CR_n = \sum_{i=1}^{n} \frac{X_i}{X}$。式中，$CR_n$ 代表某种零售业态中 n 家零售商的销售额占整个业态总销售额的比重之和；X_i 是第 i 个零售商的销售额；X 是某种零售业态的总销售额。

而目前在国内，尽管零售业态的分类已经进行了权威性的规定，但是分类后的统计指标还没有建立起来，因此难以得到相关的数据资料，从而难以直接对各个零售业态集中度进行计算和研究。不过，中国连锁经营协会每年都会定期公布全国连锁经营零售企业的销售额及连锁零售商百强排名情况，因此本书仅仅采用数据较易收集的连锁超市业态的相关资料为代表进行零售业态集中度的分析。连锁超市虽然在我国出现的时间不长，但却是近年来我国零售产业中发展最快的业态，涌现出了许多跨区域甚至全国性的大型连锁超市企业。现对其 CR_4 进行计算，结果见表 3－3。

表 3－3　2000—2016 年我国连锁超市业态集中度

年份	连锁百强中超市业态零售总额（亿元）	连锁百强前四超市业态总额（亿元）	CR_4（%）
2000	821.5	262.3	31.9
2001	1185.3	380.4	32.1
2002	1819.4	570.8	31.4
2003	2399.5	780.3	32.5
2004	4406.7	1366.9	31
2005	6327.7	1929.3	30.5
2006	7486.9	2628.3	35.1
2007	8982.7	3252.6	36.2
2008	11187.1	3650.7	32.6
2009	12837	3922.6	30.6
2010	15535.2	5009.7	32.2
2011	16507.4	4209.1	25.5
2012	18664.7	4576.3	24.5
2013	20390.8	4518.6	22.2
2014	20963.8	4759.1	22.7
2015	20628.1	5295.9	25.7
2016	21139.7	5349.8	25.3
平均	11252.0	3086.0	29.5

数据来源:中国连锁经营协会历年发布的《中国连锁企业百强排行榜》整理

从计算结果中可以发现,我国连锁超市业态的集中度比较高,2000 年至 2016 年的 CR_4 处于 22.2% ~36.2%,平均值为 29.5%。如果把它看成一个单独产业的话,按照贝恩的市场结构分类法已经接近寡占 V 型产业(CR_4 处于 30% ~35%)。个别年份,2005 年和 2006 年分别为 35.11% 和 36.21%,已经属于寡占 IV 型产业(CR_4 处于 35% ~50%)。而且其集中度及集中度的增速均呈增加趋势(2008 年、2009 年有所回落,2010 年又开始回升,2011 年有回落,2013 年后稳步提升),表明该业态的集中趋势相当明显。

通过分析我国零售市场集中度可以看出,全国城市份额市场集中度已经非常接近寡头垄断型;连锁超市业态的集中度已经呈现低级寡占型。并且我国零售市场进入壁垒中的成本壁垒、技术壁垒和选址壁垒已经比较高,并有逐步扩大的趋势。由此判断,我国零售业市场寡头市场结构雏型已经显露出来。

3.3 我国零售业寡头雏型特点

3.3.1 我国零售业规制宽松

当前我国的零售业规制具备如下特点:

(1)对外资零售企业准入规制宽松,成为跨国零售商在我国扩张的关键性条件

根据 WTO 协议的要求,自 2004 年 12 月 11 日起,我国的零售业全面开放,跨国零售商在我国的发展地域、所占股权比重等方面的限制全部取消。2007 年 10 月赛迪顾问发布的研究报告《跨国零售业在华投资及个案分析》显示,零售业是跨国企业在华投资增长速度最快的行业,投资项目的数量和额度连年来持续上升,全球最大的零售企业在华投资已经超出九成。从中央政府的层面而言,我国对于跨国零售商的政策呈现出宽松的态势,自 2008 年 9 月开始,商务部将外资零售商开设门店的审批权从商务部下放至省级商务部门,外资经营的门槛大为降低,外资零售商在全国范围内开设门店的速度也明显加快,如沃尔玛 2009 年在我国新开门店的数量达到了 53 家,是其 1996 年进入中国市场以来开店数量的总和。从地方政府的角度而言,一些地方政府采取各种优惠政策吸引跨国零售商的进驻,目的为拉动地方 GDP 的增长、增加政府税收、通过本土化采购带动相关企业的发展,同时一些地方政府官员存在“重外薄内”的思想倾

向，在超市选址、税收、工商、贷款等各个方面给予外资企业“优国民待遇”，造成了不公平的市场竞争环境。

(2)我国当前零售业规制忽略了平衡零售商与供应商之间的利益，在一定程度上导致了零供矛盾近年来的激化

美国规范零售业的重点在于规范零售商和供应商之间的关系，限制大型零售商滥用市场权力，同时保障消费者的食品安全。在零售业快速发展的今天，外资零售企业扩张的步伐加快、外资并购的案例数量明显上升，而相对应地，我国对于如何协调跨国零售商和本土供应商之间的矛盾、限制零售商滥用市场权力未给予应有的重视。

由于市场权力的严重不均衡，一些中小本土供应商的生存已经受到了威胁。零售商所拥有的市场权力可以从以下方面威胁到供应商的利益：①在合同中添加不平等条款。零售商在与供应商的谈判中占据绝对优势，这致使供应商必须接受零售商在合同中强行添加的不平等条款，如返点条款、首单免费条款等。②收取高额入门费、管理费及其他费用。零售商会向供应商收取一系列附加费用，而这些费用中很多是强制性的或不合理的。例如，供应商进入超市时可能被要求交纳高额的入门费，产品被强制交纳条码费，若要避免产品在摆放时被放置在不利于消费者获取或无法吸引消费者注意的位置，则要按照每店每月的标准交纳额外的费用。③账期。目前国内常见的付款期限为60天或90天。由于账期较长，有时还会出现零售商恶意拖欠货款的情况，这导致供应商的资金回流慢，尤其是对一些中小供应商的运营尤其如此。零售商采用将货物售出后再付款的条款，也将资金周转的压力全部转移到了供应商一方。此外，零售商还可能采取短时期内大幅提高产品标准、不经供应商同意擅自更改价格、发生矛盾时威胁将供应商排除于供货名单之外等其他方法过度使用自身的市场权力。

(3)《反不正当竞争法》和《价格法》的规制作用有限

针对跨国零售商滥用其优势地位，向中小供货商收取进场费、上架费、展示费、促销广告费等不合理费用，按《反不正当竞争法》第八条规定的“商业贿赂”论处，根据第二十二条的规定，最高处以二十万元以下的罚款，有违法所得的，予以没收；构成犯罪的，依法追究刑事责任。但在实践中，商业贿赂案件的查处因为供货商和超市之间的“默契”而非常困难；即便是查出来了，为了获取高额利润，许多跨国零售商一边接受罚款，一边继续索取、接受不合理费用。而对于跨国零售商与中小供货商签订不公平条款的合同以及越来越严重的拖欠货款

等滥用市场优势地位的行为，该法则无能为力。从立法规定来看，《价格法》主要在交易价格方面对跨国零售商滥用优势地位的行为进行了规制，该法第十四条第（四）项规定了“采用虚假价格诱骗交易”、第（五）项规定的“价格歧视”、第（六）项规定的“变相提价或压价”等价格违法行为，同样存在难执行的问题。

（4）《反垄断法》的规制作用还有待充分发挥

我国《反垄断法》定得非常原则、不够具体，操作性不够强，需要有相关的配套规定来具体化，以增强操作性。从《反垄断法》具体条文来看，与“滥用优势地位”相关的第三章——滥用市场支配地位，总共只有第十七、十八、十九条三个条文，分别规定了滥用市场支配地位的7种行为、认定经营者具有市场支配地位时应该依据的6种因素，以及市场支配地位的法律推定条件及除外情况。由于该法于2008年8月1日才开始实施，该法对跨国零售商滥用市场优势地位的规制作用还有待进一步发挥。

3.3.2 寡头企业占有渠道资源，对供应商形成采购权垄断

目前我国大型零售商普遍采用连锁经营的形式，采购批量巨大，拥有完善的配送中心和众多的店铺，建立了覆盖区域乃至全国的销售网络，对供应商形成了采购权垄断。供应商通常比较分散，产品的替代性较强。并且由于我国已经形成了稳固的买方市场，使得供应商与寡头零售企业的谈判能力较低，基本上丧失了定价权，使得寡头零售企业拥有定价权垄断。由于我国当前行业协会的作用有限，供应商之间无法建立稳固的联盟。即使某些时候供应商之间可以达成一些联盟协议，但这种协议是典型的“囚徒困境”，很快就会瓦解。单个供应商面对强大的零售寡头，往往因为无力自建销售渠道，通过众多的小型零售商进行销售的谈判成本又非常高，因此选择大型零售商成为唯一的销售途径。在这种情况下，供应商不得不接受零售寡头苛刻的要求，这样使得渠道权力更加向寡头零售商倾斜。在供应商、寡头零售商和顾客构成的销售渠道中，寡头零售商直接与顾客接触，能够掌握顾客的需求信息，这种优势使得寡头零售商在拥有渠道信息资源，增强了寡头零售商对供应商的采购权垄断地位。

3.3.3 零售寡头对商圈内消费者形成销售权垄断

由于零售寡头对供应商拥有采购权垄断地位，许多产品只有在这些寡头零售店铺才有销售，客观上使得零售寡头对商圈内的消费者形成销售权垄断。另外，由于这些零售寡头在店铺形式、购物环境、商品价格和促销手段等方面较之

大部分小型零售商具有无可比拟的优势,致使许多消费者在主观上形成了在大型零售商那里购物的消费习惯。消费者的这种消费习惯,无形中增强了零售寡头对其销售权的垄断。虽然零售寡头为了迎合消费者,销售一些质优价廉的商品,但是出于利己动机,零售寡头在产品选择上往往是按照自身利润最大化为决策依据。另外,由于零售寡头对供应商的收费现象严重,只有交得起昂贵通道费的供应商的商品才能够出现在零售寡头的店铺中。所以,零售寡头销售的产品不一定是性价比最高的产品,也不一定是消费者最需要的产品。

零售寡头对商圈内消费者形成销售权垄断时,零售寡头往往采用价格歧视的手段从消费者手中攫取更多的利润。常用的歧视策略包括:①三级价格歧视策略。在销售相同商品时,零售商对不同类型的消费者制定不同的价格,如有会员价与普通价之分。会员顾客属于经常购买的群体或者是对价格敏感的群体。另一种是剪票式折扣价,零售商在报纸上刊登广告或自己印发导购广告,剪下来后在购买该类商品时就可以打一定的折扣。采取这种方法,零售商就可以将顾客分成不同的群体,使他们支付不同的价格。②搭配销售策略。采用这种方式,销售同种商品向不同的消费者索取了不同的价格。③多品牌战略。零售商对同样的商品通过塑造高端品牌和低端品牌区分不同的消费者,形成事实上的价格歧视。④广告和包装策略。企业通过广告或其他传播手段创造并提高其产品的品牌心理价值,把相同的产品赋予外表形式上的差异后,以不同价格销售。

3.3.4　零售行业协会作用不显著

行业协会也在一定程度上发挥着协同规制的作用,但效果不够明显。各地供货商协会做了大量的工作,为政府部门进行相关执法活动提供了信息和帮助,也为供货商的经济活动提供了帮助,但规制效果并不明显,其作用还有待进一步发挥。

4. 寡头零售企业间的竞争表现

零售业寡头竞争的目的是扩大忠诚顾客数量、销售量和更多的利润。为了达到这些目的,零售业寡头一般是采用波特在《竞争战略》(1985)一书中明确地提出的三种通用战略,以获取竞争优势。波特认为,在与五种竞争力量的抗争中,蕴涵着三类成功型战略思想,这三种思路是:①总成本领先战略;②差异化战略;③专一化战略。这些战略类型的目标是使企业的经营在产业竞争中高人一筹:在一些产业中,这意味着企业可取得较高的收益;而在另外一些产业中,一种战略的成功可能只是企业在绝对意义上能获取些微收益的必要条件。有时企业追逐的基本目标可能不止一个,但波特认为这种情况实现的可能性是很小的。因为有目的地贯彻任何一种战略,通常都需要全力以赴,并且要有一个支持这一战略的组织安排。

①总成本领先战略,成本领先要求坚决地建立起高效规模的生产设施,在经验的基础上全力以赴降低成本,抓紧成本与管理费用的控制,以及最大限度地减小研究开发、服务、推销、广告等方面的成本费用。为了达到这些目标,就要在管理方面对成本给予高度的重视。尽管质量、服务以及其他方面也不容忽视,但贯穿于整个战略之中的是使成本低于竞争对手。该公司成本较低,意味着当别的公司在竞争过程中已失去利润时,这个公司依然可以获得利润。赢得总成本最低的有利地位通常要求具备较高的相对市场份额或其他优势,诸如与原材料供应方面的良好联系等,或许也可能要求产品的设计要便于制造生产,易于保持一个较宽的相关产品线以分散固定成本,以及为建立起批量而对所有主要顾客群进行服务。总成本领先地位非常吸引人。一旦公司赢得了这样的地位,所获得的较高的边际利润又可以重新对新设备、现代设施进行投资以维护成本上的领先地位,而这种再投资往往是保持低成本状态的先决条件。

②差异化战略是将产品或公司提供的服务差别化,树立起一些全产业范围中具有独特性的东西。实现差异化战略可以有许多方式:设计名牌形象、技术

上的独特、性能特点、顾客服务、商业网络及其他方面的独特性。最理想的情况是公司在几个方面都有其差异化特点。例如，履带拖拉机公司不仅以其商业网络和优良的零配件供应服务著称，而且以其优质耐用的产品质量享有盛誉。如果差异化战略成功地实施了，它就成为在一个产业中赢得高水平收益的积极战略，因为它建立起防御阵地对付五种竞争力量，虽然其防御的形式与成本领先有所不同。波特认为，推行差异化战略有时会与争取占有更大的市场份额的活动相矛盾。推行差异化战略往往要求公司对于这一战略的排它性有思想准备。这一战略与提高市场份额两者不可兼顾。在建立公司的差异化战略的活动中总是伴随着很高的成本代价，有时即便全产业范围的顾客都了解公司的独特优点，也并不是所有顾客都将愿意或有能力支付公司要求的高价格。

③专一化战略是主攻某个特殊的顾客群、某产品线的一个细分区段或某一地区市场。正如差异化战略一样，专一化战略可以具有许多形式。虽然低成本与差异化战略都是要在全产业围内实现其目标，专一化战略的整体却是围绕着很好地为某一特殊目标服务这一中心建立的，它所开发推行的每一项职能化方针都要考虑这一中心思想。这一战略依靠的前提思想是：公司业务的专一化能够以高的效率、更好的效果为某一狭窄的战略对象服务，从而超过在较广阔范围内竞争的对手们。波特认为这样做的结果，是公司或者通过满足特殊对象的需要而实现差异化，或者在为这一对象服务时实现了低成本，或者二者兼得。这样的公司可以使其赢利的潜力超过产业的普遍水平。这些优势保护公司抵御各种竞争力量的威胁。但专一化战略常常意味着限制了可以获取的整体市场份额。专一化战略必然地包含着利润率与销售额之间互以对方为代价的关系。

波特认为，这三种战略是每一个公司必须明确的，因为徘徊其间的公司处于极其糟糕的战略地位。这样的公司缺少市场占有率，缺少资本投资，从而削弱了“打低成本牌”的资本。全产业范围的差异化的必要条件是放弃对低成本的努力。而采用专一化战略，在更加有限的范围内建立起差别化或低成本优势，更会有同样的问题。徘徊其间的公司几乎注定是低利润的，所以它必须做出一种根本性战略决策，向三种通用战略靠拢。

零售寡头因竞争对手的不同会采取不同的竞争策略，从而形成相应的相互竞争关系。当前我国寡头零售企业主要分为两大阵营：内资寡头和外资寡头，他们之间形成了比较错综复杂的竞争关系，既有阵营与阵营之间的竞争，也包括阵营内部之间的竞争。主要包括：内资寡头零售企业之间的竞争、内资寡头和外资寡头的竞争和外资寡头之间的竞争。

4.1 内资寡头零售企业之间的竞争

4.1.1 货源品种、数量竞争

改革开放以来,我国市场经济逐步形成,产品由原来的稀缺发展到比较丰富,零售业快速发展。内资零售寡头是从商品供不应求的时代起步发展起来的,在当时多是从产品由“人无我有,人有我优”的经营理念中,淘到第一桶金。这种经营理念逐步发展,在产品稀缺的年代,谁能够提供紧俏商品,谁就可以在商战中立于不败之地;在产品比较丰富的年代,企业的优势在于谁的货品品种更全,数量更多。所以,当前货源品种和数量的竞争成为内资寡头零售企业之间竞争内容之一。

4.1.2 价格竞争

产品由稀缺逐步发展到比较丰富的过程中,零售商发展,商品不好销售了,这时发现降低价格是个利器。往往最先挑起价格战的商家,销售量猛增,获利丰富。于是,价格战在内资零售企业之间频发上演。残酷的价格竞争使得一些小型零售企业无力维持,最终倒闭,或被兼并重组。生存下来的零售企业不断壮大,形成内资零售寡头。内资零售寡头的这种发展历程,使得他们比较容易把打价格战当作一种常规竞争策略,至今仍然不断上演。

例如:家电连锁寡头苏宁与国美之间的价格战。2012 年 4 月 17 日,苏宁易购宣布开打首轮价格战:所有产品价格下调 20% ,从 18 日到 20 日三天开设 9 场抢购专场,每场都是百款产品三折起售。其“击穿全网底价,何必东比西淘”的口号。传统家电降幅最明显,比如,空调最高降幅高达千元,合资 40 英寸液晶电视则不到 3000 元。此外,包括图书、百货化妆品、母婴用品、运动服饰、手表、家纺等,全部都在三折之列。与此同时,2012 年 3 月底刚联手结盟的当当国美电器(微博)城也表态加入战团。当当网副总姚丹骞在 4 月初就公开表示,4 月将有多次针对电商竞争对手的 3C 家电价格战。在后来举办的“熬夜惠”活动中,大牌彩电价格仅1788元,冰箱洗衣机最高降800元①。

4.1.3 门店布点竞争

零售企业要美化服务环境,完善配套设施,努力为顾客营造一个温馨、典雅、舒适、整洁、安全的购物环境,使商场集购物、休闲、娱乐于一身,最大限度地满足顾客的要求和愿望。提高服务水平,重视售后服务,让顾客真正感到满意,这样才能赢得更多顾客的信任和支持,从而培养顾客忠诚。

4.1.4 品牌竞争

随着国内零售行业竞争加剧,消费行为变革引致零售企业经营重心向服务品质转移。消费者不仅对商品的品质有要求,而且更加追求购物的愉悦性和便利性。因此在确保商品品质的前提下,服务成为企业的核心竞争力。我国零售企业需要有品牌意识,通过不懈的努力来锻造自己的品牌。优秀的品牌是依靠企业长期培育、细节打造而形成的。我国零售型中小企业要通过持续有效地实施现代企业制度,通过先进的管理技术、有效的市场营销手段、合理的人力资源管理等来提升综合素质,打造属于自己的文化和产品品牌。要充分依靠企业所有员工的智慧与力量,主动改变思想意识,树立满足内外部顾客期望的拼搏意识,用无限的忠诚和无私的劳动,把企业的供应链、价值链管理到每一个细节、每一个人,为顾客创造最大化的产品与品牌价值。

4.2 内外资寡头零售企业之间的竞争

内外资寡头零售企业之间的竞争本质上是领导者和跟随者之间的竞争。外资寡头凭借资金实力雄厚、经营管理水平高、技术先进和先进的营销理念等优势扮演者零售业领导者角色;现阶段,内资寡头零售企业仍处于向外资先进零售企业学习阶段,扮演跟随者角色。

外资零售寡头企业的总体经营战略目标初期目标是扩大市场占有率和市场主导权,最终目标是成为垄断市场的其地位不可动摇的商业巨舰。为实现这一战略目标,进入中国市场的外资零售企业无一例外地看轻甚至放弃短期的赢

① 重庆晨报. 国美苏宁最大价格战线上开打. [ED/OL]. 新华网. 2012. 4. 18. http://news.xinhuanet.com/jiadian/2012.4.18.c_122995153.htm.

利,而看重市场的占有率、主导权及市场份额。随着我国经济的快速发展和人民收入的快速提高,中国的消费市场正成为世界上最大的消费市场。"真正的全球性企业要生存并发展,就必须进入中国市场"无一例外的成为外资零售企业的共识。这一共识使他们意识到,要想在中国市场立足、站稳、发展,则看轻甚至放弃短期利益就成为其必然的战略选择,而最终的目标是占领市场,垄断市场。精明的外资零售寡头企业在权衡短期利益与长期利益的舍与得时,更具长远的战略眼光。外资零售寡头企业为实现其战略目标,研究制定了一系列相应保证市场进入的成功和企业生存发展的竞争策略,包括价格竞争策略、业态的错位竞争、卖场位置策略和选择自有品牌策略等,与中国零售寡头企业进行竞争。

4.2.1 营销理念竞争

企业的战略、决策以及企业目标是影响其竞争优势的四要素之一。外资企业在这点上又是占尽了优势。最根本的优势是外资企业的营销理念,市场营销是以实现消费者满足以及消费者和社会公众的长期福利为目标的,并将其作为企业的责任。所以外资零售企业能够切实做到从消费者需求出发,具有很强的服务意识和服务水平。外资零售企业在开店时都对我国消费者的消费习惯、消费结构、购买力等方面进行详尽的调查,并以之作为选址、业态选择、商品种类布置的重要依据。外资企业的优质服务也成为了他们制胜的法宝之一。例如,沃尔玛将最传统的营销策略——顾客第一,微笑服务运用到了极致:公司为顾客提供"无条件退款保证",即顾客在沃尔玛购买的任何商品如果觉得不满意,可以无任何理由地在一个月之内退货,并获得全部货款。公司还始终坚持"高品质服务",即"顾客永远是对的原则"。

我国本土零售企业在营销战略上存在很多问题,就拿服务质量这个方面来说,我国本土零售企业口头上强调"顾客就是上帝",但实际在服务意识和服务理念上与外资企业相比差距很大。

4.2.2 业态的错位竞争

在业态的定位与选择上外资零售业采取了规避策略,选择了最具发展前景的大型综合超市、仓储超市领域。在具体模式上,充分研究了中国已有的超级市场大多为传统食品超市这一特点,首位选择了具备食品超市和百货商店双重功能的超级市场模式,在功能上跨越了中国已有的超级市场功能,吸引了大量的大众消费者。外资投资或参与的仓储式超市实质是一种批发式的零售模式，即用零售的方式来从事实质上的批发业务，其销售行为包括：对零散型的小型店铺进行组织化供货，其功能与我国的第三级批发类似；对集团性采购供货；卖场零售。

4.2.3 区域竞争

内资企业店铺对中国地级以上城市的覆盖率远远高于跨国零售企业，大多数企业都是在特定的区域市场内经营，店铺布局呈现出"广泛覆盖，局部密集"特征。与之相反，外资零售企业的市场覆盖率虽不高，但其几乎已经进入了所有区域中心城市，从而正在完成或已经完成了在全国市场的战略布局。例如，沃尔玛在中国的区域策略为：东北以大连为中心，华北以北京为中心，中原以郑州为中心，华南以广州、深圳为中心，西南以昆明为中心。随着各区域中心店的开业，沃尔玛在中国的发展战略意图全面铺开。几年时间的运筹帷幄后，沃尔玛完成了中国分片区设点的战略部署。

在跨区域扩张的战略选择方面，内资企业选择了"由近及远的密集布局与逐步推进"与"重点进入，点面结合"的战略。外资零售企业则相反，它们进入临近市场的比例远远低于本土企业，而是优先进入那些全国或区域性的中心城市，从而使其扩张战略表现为"战略进入，联结成网"的特征。在投资的股权与区域限制取消之后，外资零售企业的跨区域扩张加速，它们围绕已经进入的战略结点城市密集布局店铺，从而形成覆盖全国市场的店铺网络。可见，在未来一段时间内，本土零售企业将在更大的范围内面对来自跨国零售企业的竞争压力。因此，科学合理地制定扩张战略，并在与跨国零售企业竞争的过程中不断积累与学习，实现快速、平稳发展乃是当务之急。

4.2.4 自有品牌竞争

外资零售商对于自有品牌商品的地位日益重视，麦德龙中国已推出全新的自有品牌战略；TESCO 中国也提出将自有品牌的商品范围由食品延伸至床上用品和厨房用品等；沃尔玛则计划大幅度提高自有品牌占有率。随着超市自有品牌的日渐壮大，沃尔玛、麦德龙、TESCO 等几大外资零售商开始不约而同提速新的自有品牌战略。据悉，自有品牌商品占到麦德龙所有商品的比例和销售量呈现逐年快速上升趋势。TESCO 中国区总裁陶尔康表示，TESCO 的自有品牌单品有上千种，包括生鲜、杂货、非食品等多个品类。未来，TESCO 的自有品牌商品发展战略将由目前主要的食品领域向床上用品、厨房用品等非食品领域延伸，向英国本土市场50%的销售业绩看齐，并将通过国际联采扩大其自有品牌的国际化趋势。同样，沃尔玛也已开发了13个系列的自有品牌，主要有食品、家居用品、服装产品等。

相比外资超市对自有品牌商品的重视，国内零售企业自有品牌的发展存在很大的差距。据2009中国百强连锁经营企业统计，中国百强连锁经营企业自有品牌还不到整个连锁经营企业销售额的1%，其中经营自有品牌产品的多数是外资超市。而在欧洲，自有品牌平均能占到销售额的30%，更高的在60%至70%。据了解，美国的西尔斯公司销售的商品90%以上都是自有品牌，法国的家乐福、英国的马莎百货、TESCO的自有品牌商品都已成为其重要利润来源之一。业内人士指出，由于节省了很多中间环节，而且超市自有品牌商品不需要广告费和入场费，从而节约了交易费用和流通成本。此外，大型零售企业拥有众多的连锁店，可以大批量销售，取得规模效益，降低商品的销售成本，自有品牌商品的价格要比同类产品低2至3成。

4.3 外资寡头零售企业之间的竞争

外资在中国零售业的发展，经历了从禁止到全面开放的三个历史时期：1978年至1992年，中国政府禁止外商在中国开办任何独资或合资形式的零售批发企业；1992年开始，北京、上海等6个城市和5个经济特区开始试点合资零售企业，中国零售业开始了对外开放的试水，但外商独资和控股仍被明令禁止。此间，法国家乐福、德国麦德龙等国际零售巨头开始纷纷进入中国；1999年《外商投资商业企业试点办法》颁布后，外商在合资零售企业中的控股权被放开，国际著名商家开始大举推进在中国的扩张速度。直到2004年11月，根据WTO承诺，中国零售业全面向外资开放。

4.3.1 沃尔玛、家乐福在华扩张策略的共同点

(1)立足消费者需求

沃尔玛、家乐福不断了解顾客的需要，设身处地为顾客着想，最大限度地为顾客提供便利。他们都建立了完善的销售服务体系，实行包换、包退制度。他们宁可要回一件不满意的商品，而不愿失去一位不满意的顾客。正是这种时刻把顾客需要放在第一位，善待顾客的优良服务品质，以及在价格上为顾客创造

价值的经营战略，使他们赢得了顾客的信任，从而带来了巨大回报。

(2)商品种类多，质优价廉

沃尔玛、家乐福经营商品的品种均有2万多种。可以一站购足所需货物。同时，商品的质量也比较有保证，对采购的老商品要进行随机抽样检查，对新商品要逐个检查。严把商品的质量关，对顾客负责。由于商店多选择在地点较偏的城郊(租金较便宜)、所求利润低(2% ~4%)、本地采购多(达90%)、广告宣传费用少(基本不做广告，主要是以口碑效应影响)、大批量集中采购(可享受较大的优惠)等方面的原因，商品的成本较低，售价也较低。

(3)信息化管理

他们成功的另一重要因素是其涵盖监控采购、管理服务等成本在内的信息系统的综合优势。公司总部与全球各家分店，各个供应商通过共同的计算机系统进行联系。他们有相同的EDI条码系统，相同的库存管理系统，相同的会员管理系统，相同的收银系统。这样的系统便于从一家商店了解全球商店的资料。计算机系统不仅方便了统一管理，也给采购员、商店员工以及供应商带来了很大的方便。

(4)本土化经营

如何在东道国环境下开展经营，将自身的优势更好地融入当地社会，是所有跨国经营面临的一个重要问题。两大巨商都很注重本土化策略的运用，如人员本土化(员工绝大多数都是来自东道国的优秀人才)，采购本土化(90%的商品在东道国本地采购)，经营方式本土化(根据当地居民的消费能力、习惯，调整销售方式，如大件商品都要送货上门)等。沃尔玛如今已不再向中国顾客竭力推销折叠梯或可供一年食用的酱油。相反，它开始卖1美元左右的烤鸡，举办吃西瓜大赛，还在一家新开的店铺里教销售人员跳Macarena(一种现代舞)，这些举动都得到了顾客的积极反应，这从另外一个角度也说明了其本土化努力的初步成效。

(5)会员制和免费停车

家乐福实行会员制，顾客购物达到一定的金额后，可以享受打折的优惠，或者可以得到一些小礼品，为了达到这个目标，会员会常来光顾商店，甚至到处都可买到的东西，有时他们也会舍近求远跑到这样的商店来买，特别是交通方便的地方，更容易引诱他们前来。沃尔玛也有会员制的山姆店。同时，沃尔玛、家乐福都提供免费停车服务。

4.3.2 沃尔玛、家乐福在华扩张策略的不同点

(1)选址布局

家乐福在国内市场超越沃尔玛的一个关键原因在于其鲜明的选址布局策略。在进入中国市场以后的10年发展过程中,家乐福一直注重抢占一线城市市中心的繁华商圈,且在华北、华东经济发达地区店铺最为集中;而沃尔玛很多店铺选择在城郊接合部,往往不靠近大的居民区,公共交通还不够方便,结果限制了来店的客流量。

(2)业态选择

家乐福主要采取的是大型超市中的主力业态——大卖场。这种以天天低价为明显特征的廉价量贩店是非常适合像中国这样的处于高速发展期的国家的,这成为家乐福的成功之处。当大型综合超市在站稳脚跟以后,家乐福又引进迪亚折扣店和冠军中型超市,作为其大型综合超市的补充业态。沃尔玛在中国的业态类型包括购物广场、山姆会员店和社区店。购物广场是沃尔玛在中国市场进行扩张的主要业态;山姆会员店不太适应中国市场;社区店在国内市场的数量还比较少。同时,在业态选择上,沃尔玛一直进行着本土化调整,以不断适应中国的市场。如沃尔玛在新开设的店铺出现了专柜,而在国外沃尔玛店并没有专柜。

(3)市场定位

从目标客户定位来看,家乐福瞄准工薪收入的大众消费群体,而沃尔玛把更多眼光投向了中高收入消费群体。这和他们的选址方式有着密切的联系。家乐福将超市建在交通发达、人口稠密的地段,贴近普通百姓的日常生活消费,而沃尔玛则多将超市建在市郊。当然,尽管沃尔玛瞄准了最有购买力的中高收入群体,但是其地址的选择依然还是影响到这些群体的消费,毕竟中国的消费者还是喜欢“在家门口买东西”。家乐福则选择了满足大众市场的需求,并充分考虑到中国消费者的消费习惯,其提出的经营理念“一次性购足,超低售价,货品新鲜,自动选购,免费停车”准确地抓住了中国消费者的消费习惯。

(4)与供货商、政府关系

在供应商管理上,一方面,家乐福向供应商收取各种费用,同时在进货上采取一定的政策,吞吃供应商的流动资金;另一方面,家乐福给经销商以回报,在压下货品供应价格的同时提高一次采购量。因此很多供货商为了实现规模效应,愿意和家乐福合作。与家乐福非常强势的作风相比,沃尔玛更愿意把更多

的市场利润让利于供货商,并与他们保持良好的协作关系,以降低供应商的运营成本。沃尔玛在中国扩张的道路上,还利用了通过美国国内市场获得的宝洁公司、高露洁、通用电气、雀巢、可口可乐及3M等供货商的供销资源,为其在中国的连锁店提供了高效的供货渠道。在政府公关上,家乐福为了实施自己在中国的战略计划而不顾中国政府的法律政策限制,在中央政府和地方政府之间打"擦边球"。这一做法激怒了中央政府,最后将其列入整改之列。与家乐福"横冲直撞"式的做法相比,沃尔玛与中国政府的关系处理得很好。沃尔玛每年在中国的采购量特别大,仅1996年时就达到了20亿美元,这一巨大的出口额,对于中国政府来说,显然是一件好事,而作为回报,沃尔玛"很文雅"地得到了开店的许可证。

(5)扩张模式

两个企业选择的扩张路线有着较大差异。沃尔玛进入中国,选择深圳作为自己的落脚点,然后逐步向全国伸展,因此,在相当长的一段时间里,沃尔玛将业务扩张的步伐一直谨慎地集中在深圳、厦门、东莞等华南城市。而家乐福将总部进驻上海,并以上海为中心,迅速向全国辐射。在进入方式上,家乐福在一定程度上采取了自营+合资等方式,避开了不少的政策障碍,使得分店可以迅速建立。而沃尔玛则是非常严格地遵守中国政策,完全以自营为主。从扩张的速度来看,家乐福采取的是新市场的迅速进入策略,即先尽可能地占领较多的市场,然后边运营边调整策略,沃尔玛则是要尽可能地成熟,步步为营,稳扎稳打。

(6)物流配送

沃尔玛领先且高效的信息系统备受业界推崇。借助自己的商用卫星,沃尔玛便捷地实现了信息系统的全球联网。这使沃尔玛能与供应商每日交换商品销售、运输和订货信息,实现商店的销售、订货与配送保持同步。当然,由于中国国内的网络环境较差和受政策上的限制,这使沃尔玛的卫星通信系统不能发挥作用。而且,沃尔玛在中国由于店面较少,围绕一个配送中心密集建店来降低成本的优势无法发挥,反而增加了沃尔玛的物流成本。加上沃尔玛在中国采取配送中心的建设在前,店铺发展在后的开店模式,使发展初期营运成本较高,也制约了店铺跨区域发展的速度。家乐福的活动地域则非常广泛,在国内设立了4个区域采购中心,并给予单店相当大的自主权,使得每一个店都有适应当地市场的能力,并大大地降低自己的营运成本,又可以配合在不同地区开店,适时地组织商品供应和配送,从而赢得了在中国内地市场的发展速度。

(7)赢利模式

家乐福的赢利模式在于向供应商收取高额进场费,再加上压到最低点的供应价,家乐福极大地压缩了供应商的利润空间。沃尔玛的赢利模式在于通过降低采购、物流成本来实现赢利,而且注重与供应商发展良好的合作关系(例如,与宝洁的关系)。沃尔玛一直都是“进场费”的坚决反对者。在中国市场眼看着家乐福通过收取进场费获得不菲收入的情况下,沃尔玛希望通过降低采购、物流成本来实现赢利的模式却始终未能取得很好的效果。因此,沃尔玛正在思考未来是否改变其赢利模式。

5. 寡头零售企业与供应商关系:强制收费问题的成因及治理

近几年中,零售商与供应商之间的矛盾主要体现在寡头零售商利用自身的垄断力量对供应商随意收取各种各样的费用,同时随意占用供应商的货款,表现在拖欠供应商的货款长期不还,给供应商的正常经营造成很大的影响。

零售商对供应商收取的各种费用在业内被称为“通道费”,常见的包括陈列费、上架费、促销期间的促销费、新店开张费等。这些通道费项目在财务报表上被归入“其他收入”一项,而计入主营业务收入。在我国,超市对通道费的依赖非常严重。以上海联华为例,2004 年,联华超市主营业务收入为 2.6 亿元,而通道费收入就高达 7.3 亿元,即如果没有通道费收入,真正经营超市业务已亏损 4.7 亿元。而情况最好的物美超市,通道费亦占主营业务的 96%,实际超市经营收入所剩无几。通道费的主要收取形式有以下几种:

第一,进场费。供货商在商品进入超市的时候,必须向超市交纳一定比例的费用,而在商品售出后,再按照一定比例向超市返利。以联华超市旗下的大卖场为例,供货商必须无条件返利 3%,年购货额达 700 万元再返利 0.5%,达到 800 万元再返利 1%,逐步递增。2004 年,联华超市进场费为通道费中最大的一部分,平均返利比率达到 5.44%。

第二,随意特价,盘剥厂商。很多超市的供货协议中都会有这样一条被供货商称为“流氓条款”的最惠供货协议,以物美超市的《联营协议书》为例,其中规定厂商提供给物美超市的商品必须比供货商给方圆 1.5 公里以内的竞争对手的同类商品价格低 5%。当各超市发动价格战的时候,便在供货商不知情的情况下,不断降低供货价格。

第三,巧立名目,随意收取通道费(包含了各式收费,名目繁多)。如某供货商反映,某连锁零售集团在年底续约时,要求其交纳包括合同续签费、庆祝费、促销让利、结算返点等各式费用达 28 万元,占该供货企业销售额的 27.18%。

按照零售商的条件,供应商不是赔钱,就是让出市场。

5.1　强制收费的成因

5.3.1　政府规则缺失

奥立弗·E威廉姆森提出的"交易成本经济学三级模式"认为,厂商和经理人对企业治理制度的选择,均要受制度环境的约束和影响。即制度环境差异,是厂商和经理人选择企业治理制度的位移参数和行为参数。尼尔斯·G努德海文在其《交易成本经济学中的机会主义和信任》一文中,提出了人性内核分裂模型,区分了"情境信任"和"品质信任"两个概念。他认为,人性中既有值得信任的一面,又有机会主义的一面。情境信任是基于制度环境的约束和影响而产生的信任;而品质信任,则是基于交易者的道德诚信水平而产生的信任,不受或少受制度环境因素的影响。当制度环境变差时,品质信任维护契约承诺及其履行的作用更显著,建立在品质信任之上的交易关系更牢靠。当今中国大陆,人性中品质信任的因素弱,情境信任的因素强,加之连锁公司拥强势渠道权力,因而容易产生随意侵犯供应商利益的行为。制度环境差异对渠道成员,尤其是连锁公司行为的制约和影响,可以从中国大陆和台湾地区的案例对比中得到验证。据供应商反映,由于制度环境存在缺陷,前些年,中国大陆的连锁公司除了向供应商收取契约规定的进场费、条码费等外,还要收取旧店翻修费、新店开业费、节日庆祝费、新品上架费等许多种契约未规定的费用。1家规模较大的连锁公司,1年可因此而敛财数千万元。而中国台湾地区市场制度环境较好,连锁公司的渠道行为比较端正。据台湾学者调查,台湾量贩店(连锁公司超市)的促销行为比较规范,且有较高计划性。他们的计划性促销活动必须提前2个月安排,并告知供应商;即使是应变性促销活动,也必须提前2周安排,并告知供应商。量贩店或者依据年度契约,或者按促销活动的规模和档次,向供应商收"促销费",但都是有章可循的。可见,制度环境差异,确实会对连锁公司的渠道行为产生重要影响。

5.1.2　寡头企业拥有采购权垄断

近几年来,大量国际上的日用消费品零售集团像Walmart、Carrefour、飞seo等纷纷进入中国开店,而民营连锁商业企业像华联、王府井、银座等也获得快速发展。和日用消费品零售行业一样,家电连锁零售企业在最近几年的扩张也极为迅速,国美、苏宁等家电连锁企业通过兼并收购、开设新店等途径已成为我国家电零售市场上的领导者。这标志着我国的零售行业经过多年发展,已经进入连锁化时代。

根据中国连锁经营协会行业调查,2007 年"中国连锁百强"销售规模突破 1 万亿元人民币,达到 10022 亿元,同比增长 21% ,高于社会消费品零售总额 16. 8% 的增幅,门店总数达到 105191 个,同比增长 58% 。2003 年至 2007 年的五年中,"连锁百强"销售规模增幅分别为 45% 、39% 、42% 、25% 、21% ,虽速度较前几年明显放缓,但仍一直保持快速发展的势头。

我国连锁零售行业集中度进一步提高。从总体规模看,近几年"连锁百强"的总销售规模平均增幅超过 30% ,占社会消费品零售总额的比重从 2003 年的 6. 0% 提高到 2007 年的 10. 2% 。2007 年,"连锁百强"的前 10 家企业总销售规模达到 5029 万亿元,占"连锁百强"销售总额的 50% ,而 2003 年前 10 家企业占"连锁百强"销售总额的 42% 。伴随着我国连锁零售行业的发展,供应商与零售商之间的矛盾随着行业集中度的不断提高而更加尖锐,各家主要大型连锁零售企业的市场份额逐渐扩大,市场逐渐进入寡头垄断的竞争时代。

相对于寡头零售商的巨大规模,供应商除了几个大的国际知名品牌,如雀巢、宝洁等,其余多为本地厂商,普遍规模小。从上海联华供货商所占供货比例来看,2002 年,前五大供应商占总供货额的 7% ,其余 6000 家供应商占 93% ,平均每家不到 0. 16,而到了前五大供货商所占供货比例进一步加大到 17% ,供应商数目增加到 9000 家,而所占比例下降到 82% ,平均每家不到 0. 1% 。

零售商与供应商悬殊的规模对比使得各家寡头零售企业在市场上具备了显著的垄断力量,这体现在对商品供应商的议价能力和合作方式上具备了更大的话语权,在双方的市场谈判中处于更加强势的地位。造成寡头零售商拥有采购垄断权,为强制收费创造了条件。

5. 2　强制收费的双边市场理论解释

5. 2. 1　大型零售商、供应商和消费者组合的双边市场特征

双边市场(Two - sided markets)是指在市场上存在一个平台厂商(Platform),有两类不同的交易者位于平台的两边,需要通过平台,才能进行交易。

双边市场必须具备三个条件，才能正常运行。第一，客户类型不同；第二，不同类型的交易方之间存在能够相互影响的外部性；第三，存在一个平台厂商，能够内部化一类交易者对另一类交易者产生的外部性。双边市场的运行机制如图5－1所示。

我国零售业寡头市场结构雏形下，由供应商、大型零售商和消费者构成的市场满足双边市场条件，具备双边市场特征，原因如下：

①大型零售商构建起一个购物平台，吸引了大量的消费者和供应商通过这一平台进行交易。中国大多数消费者对价格仍然十分敏感，认为大型超市能够提供便宜的价格，并且可以一站式购齐。在供应链和物流水平不健全的情况下，大型零售商对商品的大量需求容易得到供应商的支持，供应商更愿意提供服务。

②通过大型零售商购物平台，交易的双方：供应商与消费者之间能够相互影响，存在网络外部性。一方面，消费者的增加可以增加消费，使供应商能够销售更多的商品，消费者对供应商存在正的网络外部性；另一方面，供应商的增加，正常情况下，可以提供更多数量和更多品种的商品供消费者选择，增加消费者的效用，供应商对消费者也存在正的网络外部性。但也存在这么一种可能性，供应商提供次品，这样的供应商越多，反而使购物平台中次品的比例增加，会降低消费者的效用，这时，供应商对消费者就存在负的网络外部性。

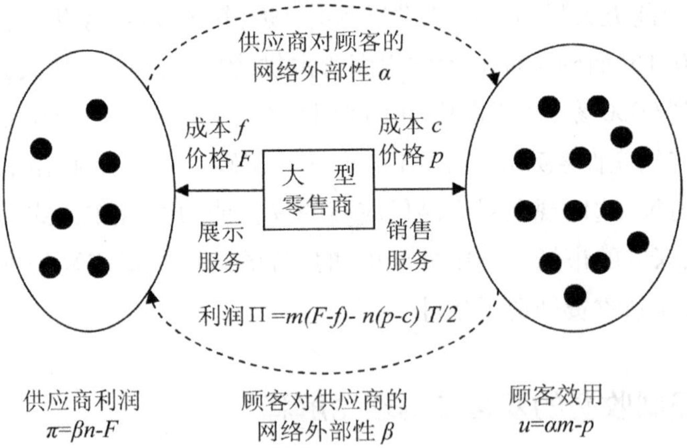

图5－1 大型零售商双边市场示意图

资料来源：根据相关文献整理绘制

③我国零售业寡头市场结构雏形下，大型零售商拥有定价权，现实中表现为，对供应商收取高额的通道费，将其对消费者的外部性内化为自己的收入。

由此可见,我国零售业寡头市场结构雏形下,由供应商、大型零售商和消费者构成的市场满足双边市场条件,具备双边市场特征。

下文利用双边理论分析方法,分析我国零售业寡头市场结构雏形下,供应商、大型零售商和消费者三者之间的关系、策略以及行为结果,以此分析强制收费的成因。

5.2.2 强制收费的双边市场理论分析

(1)双边市场模型假设

由一家区域性主导大型零售商、m 个供应商以及 n 个消费者组成的市场。大型零售商为供应商提供销售渠道的成本为 f,收取的通道费为 F;为消费者提供服务成本为 c,收取费用为产品购销差价 p,消费者对产品的需求在[0,T]上服从均匀分布,期望需求为 T/2。供应商利润函数为 $\pi = \beta n - F$;消费者效用函数为 $u = \alpha m - \frac{T}{2}p$。$\alpha$ 为供应商对消费者的网络外部性参数,用以衡量供应商数量 m 变化时,可供选择产品种类的变化给消费者带来的外部性;β 为消费者对供应商的网络外部性参数,用以衡量消费者数量 n 变化时,商品展示受众的变化给供应商带来的外部性。由于利润(或效用)的增加,可以吸引更多的供应商(或消费者)进入大型零售商构建的平台,因此 m,n 可以表示为供应商和消费者效用的函数 $m = \varphi(\pi)$, $n = \varphi(u)$, $\varphi(\pi)$, $\varphi(u)$ 均为增函数。

大型零售商期望利润函数为 $\Pi = m(F - f) + \frac{T}{2}n(p - c)$,进而可以表示为 (π, u) 的函数:

$$\Pi(\pi, u) = \varphi(\pi)[\beta\varphi(u) - \pi - f] + \frac{T}{2}\varphi(u)\{\frac{2}{T}[\alpha\varphi(\pi) - u] - c\}。$$

(2)双边市场模型求解

由一阶条件:$\frac{\partial \Pi}{\partial \pi} = \alpha\varphi(u) + \beta\varphi(u) - \pi - f - \frac{\varphi(\pi)}{\varphi'(\pi)} = 0$,

$$\frac{\partial \Pi}{\partial u} = \varphi(\pi)\beta\varphi'(u) + \varphi'(u)\{[\alpha\varphi(\pi) - u] - \frac{T}{2}c\} - \varphi(u) = 0,$$

得到均衡价格:$F = f - \alpha n + \frac{\varphi(\pi)}{\varphi'(\pi)}$, $p = c - \frac{2}{T}\beta m + \frac{2}{T}\frac{\varphi(u)}{\varphi'(u)}$。

比较单边市场上垄断企业利润最大化的价格为 $p = c + \frac{D(p)}{|D'(p)|}$。可以看出双边市场垄断平台企业对买卖两方的定价中扣除了一方用户给另一方用户

带来的外部性，即 αn 和 $\frac{2}{T}\beta m$，当网络外部性参数 α,β 很大时，平台向用户收取的价格会很低，甚至为零（价格补贴）。

令：$\varepsilon_{\pi}(n) = \frac{F\varphi'(\pi)}{\varphi(\pi)}$ 为 n 个消费者参与零售平台时供应商对平台的需求价格弹性；$\varepsilon_{u}(m) = \frac{T}{2}\frac{p\varphi'(u)}{\varphi(u)}$ 为 m 个供应商参与零售平台时消费者对平台的需求价格弹性。则价格可以表示为勒纳指数形式：

$$\frac{1}{\varepsilon_{\pi}(n)} = \frac{F-(f-\alpha n)}{F},\ \frac{1}{\varepsilon_{u}(m)} = \frac{p-(c-\frac{2}{T}\beta m)}{p}。$$

比较单边市场上垄断企业利润最大化下的勒纳指数 $\frac{1}{\varepsilon} = \frac{p-c}{p}$，用户的需求价格弹性越大，平台向其收取的价格越低，这一点是一致的。但交叉的网络外部性吸引用户到平台交易，给平台带来了额外的收益，降低了平台制定高价的垄断势力。另外，ε 和 α 的大小差异可表现出平台对两类用户定价的不对称性。如果买方用户的需求价格弹性和买方用户参与交易平台给卖方用户带来的外部性参数相对越大，那么平台向买方用户收取的价格就越低。

（3）结论分析

①大型零售商对供应商的定价。

大型零售商向供应商收取的费用 $F = f - \alpha n + \frac{\varphi(\pi)}{\varphi'(\pi)}$，取决于其为供应商提供销售渠道的成本 f、供应商产品多样化给消费者带来的外部性 αn 及供应商对零售商的需求价格弹性 $\varepsilon_{\pi}(n)$。

供应商的影响力越大，F 越小，反之越大。α 是衡量供应商影响力的一个指标，α 大影响力就大，F 就小。供应商影响力大，拥有稳定的消费者群体，对消费者起着正网络外部性，零售商会对这种外部性进行补偿，补偿的方式就是收较低的费用。对于一些不具影响力的供应商，零售商销售其产品时，需要承担一定的风险，而且可能因为销售了不合消费者口味的产品，而产生负外部性，所以，会通过期望收益来定价，这样对其会制定高价。

供应商对零售商的需求价格弹性 $\varepsilon_{\pi}(n)$ 越大，表示供应商对零售商的依赖程度低，零售商会倾向于对其收取较低的费用，以留住供应商为其供货。

②大型零售商对消费者的定价。

大型零售商对消费者收取的费用 $p = c - \frac{2}{T}\beta m + \frac{2}{T}\frac{\varphi(u)}{\varphi'(u)}$,取决于其为消费者提供服务的成本 c、消费者给供应商带来的外部性 βm、反映消费者的购物活跃程度高低的指标 T,以及消费者对零售商的需求价格弹性 $\varepsilon_u(m)$。

零售商规模大,会使成本 c 降低,对消费者的收费会低;消费者对供应商的网络外部性 βm 越大,会吸引更多的供应商进入平台,多个供应商的竞争有利于提升零售商的谈判地位。因此,零售商倾向于制定较低的价格。消费者活跃程度不高时,T 较小,为了能够希望消费者消费,零售商倾向于制定较低的价格。消费对零售商的需求价格弹性 $\varepsilon_u(m)$ 大时,零售商为了防止顾客流失,会倾向于制定低价。

通过上述双边市场的分析,可以得到下述命题。

推论 1:通道费与供应商的品牌影响力成反比,零售寡头倾向于向不具品牌影响力的供应商强制收费。对于已经具有了相当影响力的品牌产品,零售商一般不会收取太高的通道费,甚至对一些知名品牌,零售商完全不收取通道费。如宝洁公司,基本上不向零售商交纳通道费。由于知名品牌已经拥有了相当稳定的消费群体,知名品牌的进场也为零售商带来了消费群体,零售商用低的通道费来补偿知名品牌的外部性。从通道费作为零售商前期营销投入和风险分担的角度来说,知名品牌商品在前期已经在市场开辟和稳定消费者群体上投入了很多资金,零售商销售知名品牌商品不存在太大风险。对于一些弱势品牌商品,需要通过大型零售商提升品牌形象和扩大品牌影响力,零售商要承担销售风险和可能给消费者带来的负外部性,因此收取的通道费要高些。

推论 2:通道费与产品的需求弹性系数成正比,寡头零售商倾向于向提供需求弹性较大的商品的供应商强制收费。一般而言,需求弹性系数小的生活必需品给消费者带来了较强的外部性,其通道费相应较低;而对于弹性系数比较大的商品,收取的通道费相应会高些。如连锁超市收取乳制品的通道费用平均为 2.33%,而收取休闲食品的通道费用平均为 9.64%,这在一定程度上反映了通道费的收取是按照商品给消费者带来外部性的强弱程度区别对待的。

推论 3:通道费与供应商的市场通道需求弹性呈反比,寡头零售商倾向于对市场通道需求弹性较低的供应商强制收费。在商品日益充裕的市场条件下,供应商迫切需要高效率的传播媒体,来展示和宣传商品的特征、差异化程度。因此,连锁化、规模化和网络化的销售渠道是一种稀缺的流通资源,供应商对这种规模化的市场通道需求弹性较低,需要为此支付较高的通道费用。以乳制品为例，大型连锁超市平均收取的通道费为3.39%，食品连锁超市为1.96%，连锁便利店为1.23%。

推论4：通道费与产品市场的竞争程度成正比，寡头零售商倾向于向为数众多提供同质产品的供应商强制收费。一般而言，产品市场竞争激烈的商品对零售商的流通渠道需求弹性较低，零售商的谈判势力相对较大，供应商只能交纳更高的通道费来获得零售商有限的、展示位置较好的货架，实施一种限制性竞争策略。与此相反，零售商之间的竞争越激烈，供应商分销渠道的选择性越大，对单一零售商的依赖性越低，其支付通道费的意愿越小，支付额度越低。根据上海连锁经营研究所(2003)的调查，休闲食品、保健食品、洗化品、纸制品等一些高度竞争行业的产品，交纳的通道费比较高。

推论5：通道费与零售渠道中的区位优势成正比，具有区位优势的寡头零售商更加容易对供应商强制收费。在发达地区的中心城区以及大型零售商较为有利的销售区域，其商务成本相对较高，收取的通道费也相应较高。由于高端市场中的有利销售位置更容易接近交易活跃的消费者，商品摆放在这些地方类似于高效率的广告宣传，零售商收取高的通道费相当于供应商在电视媒体“黄金时间”进行宣传的广告费。

推论6：通道费与消费者交易的活跃程度成反比，寡头零售商倾向于向产品市场需求疲软的供应商强制收费。如果消费者的交易活跃程度比较低，即公式(5)中T比较小，零售商将对消费者的网络外部性赋予更大的权重，采取更多的降价、打折、有奖销售、购物送券等促销措施，向消费者让渡更多的价值。为此，零售商只有通过向制作商收取高额的通道费作为其主要的赢利来源。

5.3 强制收费的危害性及治理

5.3.1 强制收费的危害性

(1)中小商品供应商“深受其苦”

在零售行业中，很多零售商一般把厂商分为ABC三类，基本是“金字塔”形：10%的A类商品是为了吸引客源，比如可口可乐、联合利华等大品牌厂商等，大卖场可以亏本卖或低利润销售，因此基本没有各种“苛捐杂税”；20%的B类商品是双方得益，主要是一些国际著名品牌以及少部分国内大品牌，零售商对这些厂商收取费用也较低；而70%的C类商品则都是零售商获利，零售商收取的费用最多,厂商只能做亏本买卖,绝大部分中小厂商属于这 70% 的范围内。所以,零售商"苛捐杂税"的主要受害者是中小供应商,这些供应商与零售商之间的矛盾已经存在了不止一天两天,但是,他们只能忍气吞声,除此之外也没有什么办法,因为,这些零售巨头掌握了绝大多数消费者资源,对于这些中小供应商而言,连锁超市是必须要进的,否则就失去了很重要的市场。进场已经很不容易,如果得罪了零售商,自己被逐出场,还有很多厂家排队在后面等着进场呢。正像一位来自制造企业的经理所言:"进商场是找死,不进商场是等死。"表明了很多中小制造企业所面临的尴尬境地。的确,随着寡头零售商议价能力的不断增强、供应商数目不断增加,小供应商的议价能力不断下降,为了商品有市场销路,只能交付通道费,忍受零售商的延期付款行为。

寡头零售企业凭借其买方势力,采取基于通道费的赢利模式(即对其供应商收取名目繁多的通道费、店庆费)获取利润。在这种赢利模式下,零售商从一个分销商品的中间商转变成一个收取货架租金的租赁商。例如,《时代周报》以《家乐福进场费"钱"规则:两平方米收两万》为题报道了家乐福的收费乱象。一位名叫张松民的供货商向该报透露了家乐福"横征暴敛"的内幕。"每到节庆促销,我们就得意思一下。"张松民表示,家乐福举行促销的时候,供货商都要交纳一定的节庆费,"具体数额依各家销售额的情况而定"。除去节庆费,还有条码费、陈列费等名目繁多的"苛捐杂税",让供货商们怨声载道。向供货商收取名目繁多的各种费用业已成为家乐福的一种"赢利模式"。有知情人士透露,目前家乐福在中国部分门店利润约 50% 源于收费。张松民说,去年他与家乐福签订了合同,将产品放进了家乐福在合肥的一家卖场。为此,他付出了 2 万元的代价,在家乐福获得了一块不到 2 平方米的展卖面积。2 万元中,5000 元是条码费,6000 元交给家乐福的采购员,6000 元是陈列费,2000 元交给管理休闲食品销售的科长,1000 元给生鲜处处长。在 2 万元费用当中,只有 5000 元的条码费开具了发票。"我清楚,其他钱实际是进了个人的口袋。"不仅如此,张松民还表示,家乐福亦是同类外企中结款周期最长的:沃尔玛的货款结算时间平均为 29 天,大润发也控制在一个月之内,而家乐福则需要 60 天,等于说家乐福占用了大量供货商的资金以开拓市场和赢利。

据了解,家乐福在国内的赢利模式主要靠三种渠道:利用强势地位压低采购成本、向供货商转嫁成本收取"进场费""宣传费"等名目繁多的费用以及延期付款。而这种模式,加剧零供关系紧张。家乐福也因此尝到了自己种下的苦果。因家乐福收取高额入场费,2003 年,上海炒货协会也因此向家乐福断货。

上海炒货行业协会是全国首家成立的炒货行业协会,有会员单位52家。炒货协会公布的家乐福收费名目更是让人触目惊心,这些收费项目列在纸上就有10余页。我们来看看清单中的一部分:“法国节日店庆费:每年10万元;中国节庆费:每年30万元;新店开张费:1万~2万元;老店翻新费1万~2万元;DM海报费:每年2340元;端头费:每家门店2000元;堆头费:每家门店3万~10万元……”炒货协会一家会员单位的企业老总向媒体表示:“家乐福开始进入中国时抢着邀请我们进场,还请我们去参加他们的晚会,进场不要任何费用。1997年他们开始提条件,即给另外商家的价格不能低于给家乐福的价格。1998年家乐福做大了,开始‘斩’供货商,家乐福的收费一年比一年多,而且这种趋势越来越明显。在这种赢利模式下,中国的供应商承担了巨大的额外经济负担,其利润空间受到了巨大挤压。

寡头零售企业通过自有品牌控制供应商为其进行贴牌生产,从而制约了供应商本身的品牌发展和利润空间。寡头零售企业的自有品牌控制战略将供应商转变成自己的加工厂,这是工业革命前期“包买商”制度的现代变形。在通常的条件下,零售商只会支付少许的加工费给供货商,这就压低了供应商的利润空间,从而使得作为加工商而存在的供应商丧失谈判势力,不得不屈从于寡头零售企业的种种限制:寡头零售企业大力发展自有品牌,一方面提高了在消费者心目中的知名度;另一方面通过其巨大的销售渠道网络形成强大的买方势力,并以此压低中国供应商的供货价格,实行零利润生产。例如,在我国的零售市场中,沃尔玛的自有品牌的销售总额已经占其销售产品总金额的40%左右,并且有日益扩大的趋势。

寡头零售企业通过延期付款直接影响供应商的资金周转,从而制约了供应商的追加投资和扩大再生产。跨国零售巨头凭借其谈判优势,确定合同的付款方式一般采用具有延期性质的三个月承兑汇票和六个月承兑汇票,这实际上是占用供应商的货款,并且进一步影响了供应商的现金流和资金链。例如,家乐福、沃尔玛等一般规定三个月或者六个月的结算周期,甚至在结算期到期后,仍然以各种理由拖欠支付货款,挤占了供货商的流动资金,并利用这些货款作为其对外扩张的资本,这实际上是商业资本对产业资本的控制。短期来看,当中国的供应商面临流动资金不足,则无法支付原材料采购、劳动力工资等费用,从而使其经营陷入困境。虽然从表面上跨国零售巨头的买方势力影响的是中国的生活消费品制造业,但是根据马克思的再生产理论,生活消费品能否顺利实现会影响生产资料制造业的资本积累和技术创新。长期来看,中国的生活消费品供应商由于利润空间缩小难以进行固定资本更新和进行相应的工艺创新降低成本,从而降低了对新的制造设备的引致需求,不利于整个制造业的发展。

(2)大型供应商对于零售商的利益挤压进行反抗,近几年冲突不断

在我国的日用品消费品行业,中小型供应商居大多数,它们市场份额小,市场力量也很弱,因此议价能力极低。但是,在我国的家电制造行业,情形则不同,几家主要家电制造厂商占有市场绝大多数市场份额,也具有较强的垄断力量,因此,它们在于家电连锁零售商的博弈中并非"任人宰割",面对零售商的恶性竞争,与中小日用商品供应商的忍气吞声不同,家电供应商选择了强烈反抗。业内尽人皆知的供应商与连锁零售商的冲突集中发生于 2004 年和 2005 年。2004 年 2 月因成都国美大幅降价,遭致格力电器不满,并停止向国美供货。以此为开端,最终蔓延成为国美对格力空调发布"清场令"。这是近年来闹得最大的"厂商交恶事件"。2005 年 1 月,国美与三星之争闹得沸沸扬扬,最终双方以 20 亿元订单平息。2005 年 4 月,国美开展"平板电视"促销,各厂商均以不同方式抵制国美的此次促销活动,"超低价格"变成了"空有价格"。类似的事例还有很多。

5.3.2 强制收费的治理

寡头零售企业凭借其强大的规模优势、技术优势、信息优势取得的市场支配地位,压缩供应商(生产商)的利润空间,影响了供应商的资本周转,从而进一步制约了供应商整体的技术创新和品牌建设投资,阻碍了产业的升级。为此,供应商需要构建战略联盟,增强议价能力;零售业需要进行供应链改造,为制造业产品的分销提供合适的渠道;政府应对寡头零售企业的买方势力进行必要的规制。

寡头零售企业由于拥有市场支配地位,在与上游供应商的讨价还价中取得了绝对的优势。这种买方势力,使得从事产品制造的企业只能获得微薄的利润,难以进行技术创新和品牌建设投资,无法形成自主知识产权和自主品牌,不能忽视寡头零售企业买方势力的影响。

(1)供应商渠道权力过弱,从而渠道权力结构严重失衡,是导致寡头零售企业强制收费的内因,而渠道成员的组织化程度,在渠道权力结构中具有基础性作用,提高供应商组织化程度,可以增强其渠道权力,矫正过度倾斜的渠道权力结构。因此,治理路径之一是:政府在不导致垄断的前提下,引导供应商适度兼并联合,扩大生产规模,增强商品供给能力;组建供应商行业协会,提高组织化

程度，增强供应商的渠道权力，使渠道权利结构趋向均衡，从内在机制上约束和制衡连锁公司，使其不发生或少发生滥用强势渠道权力的“多收费”行为。

(2)制度环境优劣是影响企业和经理人决策行为的重要外部因素。制度环境有明显漏洞和缺陷，是导致渠道冲突频发的重要外因。因此，制定、修改和完善有关商业法规，依法加强监管，严格规范和约束渠道成员、尤其是强势方(寡头零售企业)的渠道行为，使之不超越权利边界，是治理强制收费的第二条重要路径。

(3)渠道合作关系的最高境界，是构建稳固的渠道战略联盟。寡头零售企业和供应商应当树立“共赢”理念，加强沟通与交流，增进信任和理解，尽可能地共担风险，共享收益。这是治理强制收费的第三条路径。

6. 寡头零售企业与消费者关系:由让利促销转变为渠道收益共享①

扩大内需,提高居民收入和购买力水平是基础,而让消费者共享渠道收益,提高其购买积极性是关键。现在营销理论对消费者购买热情的激励,尚停留在让利促销的表面层次上,未建立起厂商、中介组织与消费者之间稳定的渠道利益分享关系,因而缺乏激励消费者购买行为持续稳定的内在机制和动力,导致消费者购买积极性不能够持续稳定,影响渠道销量扩大。而要转变让利促销这种缺乏稳定性的营销理念,就必须探讨消费者参加渠道价值创造和共享收益问题,这是本章的目的和意义所在。

6.1　相关营销理论与厂商营销实践

6.1.1　国外学者关于价值创造相关观点

(1) 顾客价值

迈克尔·波特(Michael Porter,1985)②在其著名的《竞争优势》一书中提出价值链概念,用来更好地分析企业竞争优势,从而能够识别、创造更多的价值。波特认为,工业、商业和公共事业买方价值链与企业的价值链相类似,但家庭买方价值链的直观性要差得多,也重要得多。其中,波特的家庭买方链就是基于个人消费的顾客价值链。

---

① 本章参考了:周殿昆,王建府. 消费者参加渠道价值创造分享渠道收益的理论意义与应用价值.[J]. 消费经济,2012:(4).

② 迈克尔·波特. 竞争优势[M]. 陈小悦译. 北京:华夏出版社,1998:36-53.

Kotler(1984)[①]认为以客户让渡价值(Customer delivered value)来表示客户感知到的价值(Customer perceived value),顾客总价值与顾客总成本差距越大,顾客就能获得更大的让渡价值,从而获得较高的感知价值,顾客对产品或服务价值感知是在产品或服务的使用或消费的整个过程中逐渐形成的,其核心是感知利得(如质量、利益、效用等)与感知利失的权衡,这点得到了众多学者的认同(Ravald andGronroos,1996; Christopher,1997; Parasuraman,1997)[②]。

Ravald 和 Gronroos(1996)[③]从企业与顾客关系的角度来研究和定义顾客价值,提出关系价值的概念,认为给予顾客的价值不是在货币和产品的交换中体现出来的,而是随着关系的发展而被创造和传递的。这是一种兼顾顾客、企业和利益相关群体的价值观点。企业与顾客通过建立、维系双方关系可以为双方创造和带来价值,强调的不是单独为企业或顾客创造价值,而是如何体现持久的双赢。

(2)价值创造

与顾客价值概念相联系的是价值创造的概念,20 世纪末到 21 世纪初关于价值创造最为盛行的观点是:顾客价值内生于产品,发生在产品的制造过程,即交换价值。多数文献仅把消费者视为渠道终端(购买者)未把其视为渠道成员看待,更未把其作为参加渠道价值创造者看待。

安妮·科兰等在《营销渠道》[④]一书中,明确把消费者视为渠道成员之一,以其购买行为完成相应的渠道流[⑤]。但未明确指出消费者参加渠道价值创造,更未指出消费者应共享渠道收益。

本书作者对原图中虚线框做了调整,含义是生产商以其销售行为、中介组织以其营销行为、消费者以其购买行为参与了渠道价值创造。

随后,顾客不参与价值创造的观点很快受到了另一种观点的质疑:顾客价值产生于顾客一方,作为使用价值而存在,价值并不是由厂商创造的,而产生于

① Kolter P, Marketing management: analysis, planning and control [M]. 5ed. New Jersey: Prentice - Hall Inc. 1984.

② Parasuraman Reflectionson Gaining Competitive Advantage through Customer Value [J]. The Academy of Marketing Science. 1997:(25). 154 - 161.

③ Ravald, Gronroos. The value concept and relationship marketing [J]. European Journal of Marketing, 1996,. 30(2):19 - 30.

④ 安妮·科兰等. 营销渠道.(第6版)[M]. 电子工业出版社,2003:10。

⑤ 渠道流指在营销渠道中流动的,由渠道成员执行和完成的营销职能和活动。包括八条基本的"流":实物拥有流、所有权流、促销流、谈判流、财务流、风险流、订购流和支付流。(参见图6-2)

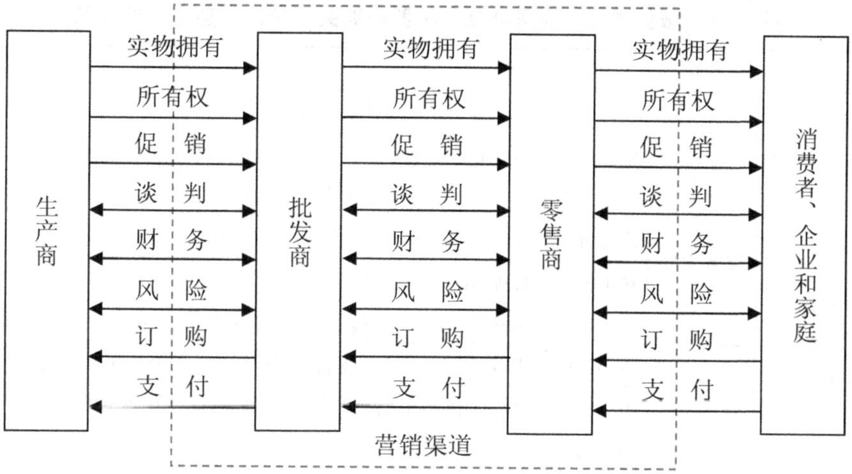

图6－1　渠道内的营销流（箭头方向指渠道流流动方向）

资料来源：安妮·科兰等 营销渠道［M］. 第6版 北京：电子工业出版社 2003：10

价值生成的过程当中①。Vargo 和 Lusch（2004）②采用服务主导（Service dominant）逻辑，认为服务不单是一项活动和一种市场提供物，而且是一种价值创造。而后，Vargo 和 Lusch（2008）③认为顾客是价值的合作创造者。学者们开始把价值创造作为服务逻辑的核心问题进行讨论。

Ravald 和 Gronroos（1996）④从厂商与消费者关系的角度出发，提出了消费者关系价值的概念，认为给予消费者的价值并非体现在货币和商品（或服务）的交换中，而是伴随着厂商与消费者之间关系的发展的过程中被创造出来和传递出去的。这种价值观点强调并非单独为厂商或消费者创造价值，而是强调如何双赢，厂商与消费者可以通过建立、维系双方关系，为双方创造和带来价值。该观点认为消费者合作参与了价值创造，其对关系价值概念的界定，仍然使用“给予”而非“共享”，仍然是以厂商利益为出发点的。

---

① Grenroos C. Adopting a Service Logic for Marketing［J］. Marketing Theory, 2006 年 6（3）：317－333.

② Edvardsson B, Gustafsson A, Roos I. Service Portraits in Service Research：A Critical Review［J］. International Journal of Service Industry Management, 2005. 16（1）：107－121.

③ Vargo S. L, Lusch R. F. Service Dominant Logic：Continuing the Evolution［J］. Journal of the Academy of Marketing Science, 2008. 36（1）：1－10.

④ Ravald, Gronroos. The Value Concept and Relationship Marketing［J］. European Journal of Marketing, 1996, 30（2）：19－30.

表 6－1　服务逻辑下克里斯廷·格罗鲁斯关于价值创造主体的归纳

<table>
<tr><th>模型</th><th>逻辑</th><th>供应商</th><th>顾客</th></tr>
<tr><td rowspan="2">交换价值模型</td><td rowspan="2">产品主导逻辑</td><td>交换价值的创造者</td><td>使用价值的创造者</td></tr>
<tr><td>生产用于与货币进行交换的产品和服务</td><td>在价值生成过程中（消费）完成价值实现，决定企业的交换价值</td></tr>
<tr><td rowspan="4">使用价值创造（价值实现模型）</td><td rowspan="2">服务主导逻辑</td><td>使用价值合作创造者</td><td>使用价值创造者</td></tr>
<tr><td>在价值生成过程（消费）中与顾客进行直接互动</td><td rowspan="3">在价值生成过程中，添加自身具备的资源和技能，以及其他可利用的必需资源；通过与企业进行价值支撑性互动完成价值实现</td></tr>
<tr><td rowspan="2">服务逻辑</td><td>使用价值促进者</td></tr>
<tr><td>为顾客提供资源①作为价值创造的基础</td></tr>
<tr><td rowspan="2">使用价值创造（价值促进模型）</td><td rowspan="2">商品逻辑</td><td>使用价值创造的协助者</td><td>使用价值创造者</td></tr>
<tr><td>通过为顾客提供价值基础资源协助顾客进行价值创造</td><td>利用可用资源和自身技能，以及自有资源（顾客价值基础）执行价值生成过程（消费），并最终完成价值实现</td></tr>
</table>

资料来源：克里斯廷·格罗鲁斯 服务逻辑的修正－基于价值创造的观点［J］. 姚亚男，韦福祥（编译）天津商业大学学报 2009 年 第 2 期 原载于 European Business Review，2008 年 7 月 Vo. l 20，No. 4，原文的题目为 SERVICE LOGICRE VISITED：WHO CREATES VALUE？ AND WHO CO－CREATES？ 原文题目翻译为，服务逻辑审视：谁是价值创造者？ 谁是价值协助创造者？

克里斯廷·格罗鲁斯（Grenroos C. 2008）②认为服务逻辑至少有两方面的含义：顾客服务逻辑（顾客在日常活动中运用自备技能，利用企业提供的以及其他可利用的资源通过对服务的消费为自己创造价值的观念）和厂商服务逻辑（企业通过与顾客的互动，创造与顾客合作创造价值的机会，采用服务的观念和方法调整营销战略适应顾客对服务消费的价值创造的观念），而且后者必须以前者为导向，两者之间互相影响且相互依存。格罗鲁斯认为使用价值决定交换价值，并从使用价值的角度分析了价值创造的主体。（见表 6－1）

可以看出在产品主导逻辑、服务主导逻辑和服务逻辑的发展过程中，顾客的身份由价值的接受者（让渡价值），价值的合作创造者（关系价值），转变到价值创造者（使用价值）。在服务主导逻辑和服务逻辑中，顾客作为价值的合作创造者和使用价值的创造者时，已经参与了价值链的价值创造，应当分享相应的

---

① 包括：商品，服务，信息或其他资源。

② 克里斯廷·格罗鲁斯. 服务逻辑的修正－基于价值创造的观点［J］. 姚亚男，韦福祥（编译）. 天津商业大学学报，2009：（2）. 原载于 European Business Review，2008. 7. Vo. l. 20. No. 4.

收益。

(3)分工理论

从分工理论的角度更容易理解这种顾客(合作)参与价值链的创造的观点。从亚当·斯密确立了分工在经济学研究中的首要地位之后,经过马克思对斯密分工思想的批判继承,使得分工理论得到了很大发展。在古典经济学之后,分工理论在一段时间内淡出了主流经济学的视线,后来随着杨格、杨小凯、贝克尔、墨菲、罗默等人的努力,使得分工在经济学中的地位从某种意义上来说又在逐步回归(苗长青,2008)①。新兴古典经济学代表人物杨小凯(1998,2001)②③将每个人既是生产者又是顾客的存在,作为生产者有专业化经济,个人的专业化经济的总和是社会分工。在社会分工中,供应商、大型零售商和顾客的身份是平等的。在供应商、大型零售商和顾客这一链条中:供应商专业化生产产品(产品资源),大型零售商专业提供媒介交换服务(服务资源),顾客的专业化生产者身份表现不明显,只是表现出了作为专业生产者所实现的价值(货币资源,或称另一产品资源的货币表现)。在商品经济条件下,这些资源在所有者手中没有使用价值,是无用之物,需要进行交换;由于专业化经济的存在,分工提高效率,资源通过交换(价值实现)会增值。

6.1.2 我国学者关于价值创造相关观点

艾明华(2007)④认为顾客价值链是由创造顾客价值的交易过程和关系过程所形成的顾客感知价值的整体。顾客价值链将顾客价值分为交易价值和关心价值。其中,交易价值,是指顾客对整个交易过程(顾客的整个消费过程)中的每个交易片段的感知价值(包括感知利得和感知利失)的总和;关系价值,是指顾客对企业维系其长期关系过程中所作的各种努力的感知价值(包括感知利得和感知利失)的总和。对关系价值的感知是贯穿于顾客价值链的全过程的,这是因为关系价值本身就是一个过程价值。

应光荣(2006)⑤认为:消费是经济循环与社会和谐的起点与归宿,是循环经

① 苗长青. 分工理论综述 [J]. 全国商情(经济理论研究),2008:(1).

② 杨小凯. 经济学原理 [M]. 中国社会科学出版社,1998:44.

③ 杨小凯等. 专业化与经济组织:一种新兴古典微观经济学框架 [M]. 经济科学出版社,2000(1):26.

④ 艾明华. 基于顾客价值链的顾客价值创造 [J]. 价值工程,2007:(10).

⑤ 应光荣. 消费创造价值.《新财经》[EB/OL]. http://finance. sina. com. cn. 2006. 3. 6.

济与和谐社会的基础。消费力与生产力同等重要。经济学视域需要从生产转向消费,因为消费是经济的原动力,顾客是真正的投资者,应该与生产者共享利润,参与利润分配。

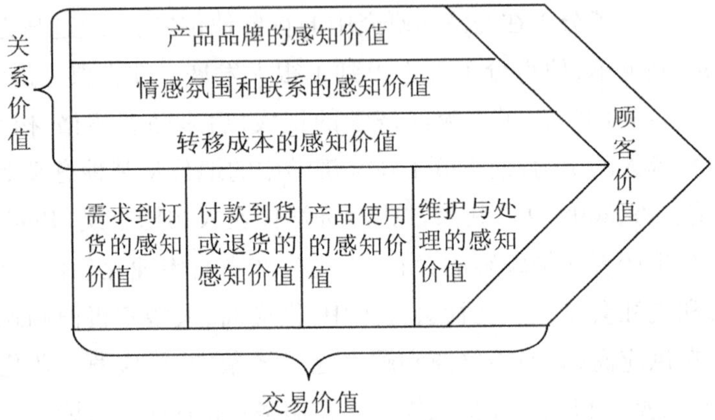

图 6-2 顾客价值链

资料来源:艾明华.基于顾客价值链的顾客价值创造[J].价值工程 2007 年第 10 期

周殿昆(2006)[①]认为:判断一个跨组织的价值链是否成立的关键,是看链条中的企业和组织是否共同参与产品效用和价值的创造与实现。遵循这种判断标准分析由供应商、大型零售商和顾客组成的渠道,会发现它们之间相互依赖组成了一条完整的供应链,共同参与并完成了产品及效用、服务产出及价值的创造和实现过程,所以它们的价值链成立。首先,供应商生产产品及效用,为渠道创造新的附加价值提供了实物载体。其次,大型零售商和供应商之间实施大规模采购和供货,以节约大量交易费用的方式创造服务产出和新的附加价值。再次,大型零售商内部的物流业务,是生产活动在流通领域的延续,直接创造价值。最后,顾客大规模地踊跃购买,是大型零售商加快商品周转速度,扩大采购批量的必要前提条件。

周殿昆(2006)指出,成立的价值链成员之间,根据"经济人"理性假设,必然都要参与渠道价值链收益的分割,取得属于自己的那部分收益。在外部竞争性市场环境约束下,在各成员方都可以自由退出渠道合作关系的可置信威胁下,通过反复博弈,可以找到合理分割渠道收益的利益均衡点,建立三赢利益格局,形成"三赢价值链"。

① 周殿昆.连锁公司快速成长的奥秘[M].中国人民大学出版社,2006:307-308.

6.1.3 厂商营销实践

基于关系价值理论,沃尔玛等国际著名零售商,把消费者当成与自己合作价值创造,对其长期实行"天天平价"让利促销[①],但他们不是把消费者作为参加渠道价值创造的渠道成员看待。让利促销是一种不稳定的利益关系,零售商可以根据自己的需要,对消费者让利或者不让利,因而不能够对消费者购买行为形成持续稳定的激励,不利渠道商品销量的持续扩大。

6.2 让利促销营销策略的局限性及弊端

6.2.1 理论依据:消费者参加渠道价值创造

顾客是营销渠道的末端环节,商品只有被购买才能完成实现其价值的惊险跳跃(马克思)[②]。如前所述,安妮·科兰在其《营销渠道》一书中,把顾客(消费者)视为与供应商(商品供给者)和中介组织(批发商、零售商)同等重要的渠道成员,在末端环节上,以其购买行为执行和完成渠道流,使营销过程得以完成。(见图6-1)

虽然该书未涉及渠道价值创造问题,从而未明确指出顾客(消费者)参加渠道价值创造。但是,我们若从渠道价值创造的视角审视图6-1渠道中的营销流,即可看出消费者(顾客)以其购买行为执行和完成了渠道末端的八种渠道流,才使营销渠道活动得以最终完成,商品得以完成最终跳跃,进入消费领域,渠道价值和收益得到实现。反之,若无消费者购买,商品滞销积压,停留在零售商批发商乃至供应商手中,商品不能完成最终的惊险跳跃,商品自身的价值,乃至营销成本和渠道收益均无法实现。

可见,消费者积极购买是营销渠道顺畅运行,商品销量扩大的必要前提条件。而且,如果把渠道总收益(CV),看成是商品销售总收入(PsQ,Ps 为销售价格,Q 为渠道总销售量),减去商品购进货款(PpQ,Pp 为进货价格)和渠道流总成本(Cc,$Cc=cQ$,c 为单位商品渠道成本)的余额,即:

---

① 沃尔玛"天天平价"之惑.《华夏时报》[EB/OL]. 人民网. 2008. 5. 12. http://mnc.people.com.cn/GB/7226512.html.

② 马克思.《资本论》. 第一卷//. 中共中央马克思恩格斯列宁斯大林著作编译局.《马克思恩格斯全集》第二版. 第23卷. 北京:人民出版社,2008:124.

单位商品渠道价值收益，是渠道总收益除以商品销售总量之商：

$$\frac{CV}{Q} = p_s - p_p - c = cv$$

那么，当商品售价(Ps,Pp)和单位商品渠道成本(c)既定，进而单位商品平均渠道收益(cv)既定时，渠道总收益量的多寡，就与商品销量，亦即消费者购买量正相关。消费者购买频率(T,购买次数)越高，数量(q,一次的购买量)越大，渠道总收益越大：

$$CV = cv \times T \times q$$

可见，消费者确实以其购买行为参加了渠道价值及收益的创造。

6.2.2　动态博弈模型证明

“消费者以其购买行为参加渠道价值创造”这一论点的正确性，还可以用动态博弈模型加以证明。

设渠道收益分配博弈中，中介组织为先行动者，消费者和供应商为后行动者。消费者和供应商观察到中介组织行为策略(是实行渠道收益共享策略，还是独享收益策略)后，采取行动(是实行积极购买策略，还是消极购买策略)。并且，设渠道单位商品平均收益为 cv 。中介组织实行渠道收益共享策略时，消费者获得渠道收益的比例为 β ，中介组织和供应商获得的渠道收益比例分别为 α 和 γ ；中介组织实行渠道收益独享策略时，消费者和供应商获得的渠道收益均为0，渠道收益 cv 由中介组织独享。设消费者积极购买和消极购买时，渠道商品销量分别为 Q_1 和 Q_0 ， $Q_1 > Q_0$ 。在上述假设条件下，可形成如图6－3所示收益矩阵。

		中介组织　供应商 渠道成员共享收益	中介组织独享收益
消费者	积极购买	$\beta Q_1 cv$, $\gamma Q_1 cv$, $\alpha Q_1 cv$	0,0, $Q_1 cv$
	消极购买	$\beta Q_0 cv$, $\gamma Q_0 cv$, $\alpha Q_0 cv$	0,0, $Q_0 cv$

图6－3　消费者与渠道中介博弈收益矩阵

资料来源：根据博弈假设绘制

注：供应商以其货源供给行为参加了渠道收益创造，也理应分享渠道收益，但它不是本章重点，故未展开论述，特此说明。

图6－3显示：①当中介组织实行独享渠道收益策略时，消费者和供应商的

渠道收益均为0,为非纳什均衡。②当中介组织实行渠道收益共享策略时,消费者、供应商和中介组织分别获得 β 、γ 和 α 比例的渠道收益。当消费者实行积极购买和消极购买策略时,渠道商品销量分别为 Q_1 和 Q_0 ,且 $Q_1 > Q_0$,故而渠道总收益 $Q_1cv > Q_0cv$,消费者渠道收益 $\beta Q_1cv > \beta Q_0cv$,供应商渠道收益 $\gamma Q_1cv > \gamma Q_0cv$,中介组织渠道收益 $\alpha Q_1cv > \alpha Q_0cv$ 。所以,中介组织实行渠道收益共享策略,消费者实行积极购买策略,是该博弈矩阵中唯一的纳什均衡。在此纳什均衡中,渠道总收益 Q_1cv 大小,与消费者购买量 Q_1 大小正相关。消费者购买量 Q_1 越大,渠道总收益 Q_1cv 越大,渠道成员各方按比例分享的渠道收益越多。可见,动态博弈模型证明,消费者以其购买行为参加了渠道价值创造。

6.3 承认消费者参加渠道价值创造的理论意义和应用价值

承认消费者参加了渠道价值创造,顺理成章就应当承认消费者应当分享和获得与自身贡献大体相当的渠道收益。这个理论范畴的确立,对于促进中介组织更新营销理念和策略,和供应商树立三赢渠道价值理念,构建稳固渠道战略联盟,推动渠道良性循环扩张发展,有重要理论意义和应用价值。

6.3.1. 促进中介组织更新营销理念和策略,构建长效激励机制,激励消费者持续积极地购买,不断扩大渠道商品销量

前已述及,依据既有的渠道理论和价值链理论,中介组织仅仅把消费者看成是合作者,而非渠道价值创造者,仅对其让利促销。这种营销策略的激励机制,是单向而不稳定的。让利量大小,乃至于让利或不让利,均由中介组织视自身利益需要而定,故而难以对消费者形成持续而充分的激励,刺激其持续地积极购买,所以渠道商品销量难以持续扩大。更新这种陈旧营销理念的理论根据,是前面证明了的消费者参加渠道价值创造的理论假设。中介组织如果承认消费者参加了渠道价值创造,理应分享渠道收益,那么顺理成章他们就应当摒弃让利促销理念和营销策略,实行渠道收益分享理念和营销策略,让消费者在购物中得到与其贡献大体相当的渠道收益。这种新型营销策略的出发点和归宿,不是中介组织自身的利益需要,而是渠道收益在各成员之间的合理分享。由于出发点和归宿是渠道收益合理共享,因而其激励机制是持续而稳定的,从而能够激励消费者积极而持续地购买,进而使渠道商品销量不断扩大。

6.3.2. 推动中介组织和供应商树立三赢价值链理念，构建稳固的渠道战略联盟，使渠道进入良性循环扩张状态

前文受论题重点所限，未对供应商和中介组织参加渠道价值创造和分享收益问题展开论述。现实表明，在营销渠道中，供应商以其供货行为参加渠道价值创造。因为其供给货物是否适销对路，影响商品销量和周转速度；供货频率、节奏和数量是否合理，影响库存合理程度和配送效率，进而影响渠道成本和收益。中介组织则以其采购、仓储、配送和销售行为，参加渠道价值创造。承担和完成渠道流的成本越低效率越高，对渠道价值创造的贡献越大。总括而言，消费者、供应商和中介组织，分别以购买行为、供货行为和营销行为参加了渠道价值创造，渠道收益是他们的共同成果，理应按各自贡献大小归他们分享。这就是营销渠道三赢价值链理论。认同这个理论，可以使营销渠道成员三方树立共赢理念，在重复博弈中形成合理的渠道收益分配格局，使各方获得大体与自身贡献匹配的渠道收益，形成稳固的渠道战略联盟。如此可形成持续而稳定的激励机制，诱导各方持续而积极地参加渠道价值创造，从而使渠道进入良性循环扩张状态，不断发展壮大。

7. 结　论

(1)改革开放为我国零售业的发展持续不断地注入动力,零售业取得了令人瞩目的成效。零售业在快速发展的过程中,在市场经济条件下,市场资源向优势零售企业聚集,逐步形成具有规模经济优势的大型零售商,从而推动零售业市场结构的演进。市场结构的演进趋势受行业中企业的长期平均成本与总需求的相对大小的影响。因为零售业企业的长期平均成本与总需求比较呈现缓慢上升趋势,所以零售业市场结构向寡头市场演进。

(2)我国零售市场已呈现出寡头市场结构雏形。按照所有制划分,我国零售寡头企业包括:内资私营零售寡头、内资国有零售寡头和外资零售寡头三类。他们的成长路径各有自己的特点。当前我国零售业寡头市场结构雏形具有如下特点:包括政策规制环境宽松,寡头零售企业拥有渠道资源,对上游供应商具有采购权垄断,对商圈内的消费者拥有销售权垄断,我国的行业协会作用有限等。

(3)零售寡头因竞争对手的不同会采取不同的竞争策略,从而形成相应的相互竞争关系。当前我国寡头零售企业主要分为两大阵营:内资寡头和外资寡头,他们之间形成了比较错综复杂的竞争关系,既有阵营与阵营之间的竞争,也包括阵营内部之间的竞争。主要包括:内资寡头零售企业之间的竞争、内资寡头和外资寡头的竞争和外资寡头之间的竞争。

(4)由于渠道权力严重失衡,向寡头零售企业倾斜,加之我国零售规制宽松的环境,政府对零售寡头监管不严。使得寡头零售企业利用渠道资源对供应商强制收费,处于劣势地位的供应商无力与之抗衡,只能被动接受。零售寡头强制收费对供应商造成了极大的损害。政府应当加强对寡头零售企业的约束,增强这方面的法律法规及执行力度。供应商行业协会应当发挥更大的作用,通过增强供应商的组织化程度,形成能制衡寡头零售企业的局面。

(5)消费者(顾客)、供应商和中介组织(批发商,零售商),分别以购买行为、供货行为和营销行为参加了渠道价值创造，渠道收益是他们的共同成果，理应按各自贡献大小归他们分享。这就是营销渠道三赢价值链理论。认同这个理论，可以使营销渠道成员三方树立共赢理念，在重复博弈中形成合理的渠道收益分配格局，使各方获得大体与自身贡献匹配的渠道收益，形成稳固的渠道战略联盟。如此可形成持续而稳定的激励机制，诱导各方持续而积极地参加渠道价值创造，从而使渠道进入良性循环扩张状态，不断发展壮大。

参考文献

1　Roberto Roson. Two – sided market: a tentative survey [J]. Review of Nctwork Economics, 2005(2):142 – 160.

2　Rochet J. and J. Tirole. Platform competition in two – sided markets[J]. Journal of European Economic Association, 2003(1):990 – 1029.

3　Caillaud B. and B. Jullien. Chicken & egg: competition among intermediation service providers [J]. Rand Journal of Economics, 2002(24):309 – 328.

4　Armstrong M. Competition in Two – sided markets [R]. DEI, 2004.

5　Hagiu A. Microsoft Xbox: Changing the Game? [J]. Harvard Business School case 2007, 9 – 707 – 501.

6　Davidson W. R. Bates A. D. , and Bass J. The Retail life cycl e[J]. Harvard Business Review, 1976:(4).

7　Armstrong M. Competition in Two – Sided Markets[J]. RAND Journal of Economics, 2006:(3)668 – 691.

8　Arthur W. B. Competing Technologies, Increasing Returns, and Lock – in by Historical Events [J]. Economic Journal, 1989, Vol. 99(394), 116 – 131.

9　Economides N. and Katsamakas E. Two – Sided Competition of Proprietary vs. Open Source Technology Platforms and the Implications for the Software Industry [J]. Management Science, 2006, Vol. 52(7), 1057 – 1071.

10　Evans S. D. Hagiu A. and Schmalensee R, A Survey of The Economic Role of Software Platforms in Computer – Based Industries, CESifo Working Paper. 2004.

11　Evans S. D. Schmalensee R. , The Industrial Organizaiton of Markets with Two – Sided Platforms, NBER Working Paper. 2005.

12　Farrell J. and Klemperer P. Coordination and Lock – in: Competition with Switching Costs and Network Effects[M]. in Handbook of Industrial Organization,

2007, Vol. 3, Edited by M. Armstrong and R. Porter.

13 Gabszewica, J and Wauthy, X, Two – Sided Markets and Price Competition with Multi – homing, CORE Working paper. 2004.

14 Hagiu, A. Pricing and Commitment by Two – Sided Platforms [J]. RAND Journal of Economics, 2006, 37(3): 720 – 737.

15 Scherer, F. M. Industrial Market Structure and Economic Performace[M]. Chicago: Rad McNally, 1970, 37.

16 Bain J. S. Industrial Orgaization [M]. 2ed NewYork: Joh Wiley & SosIc, 1959: 56.

17 Baumol W., Pazer J., Willig R. Contestable Market and the Theory of Industry Structure [M]. San Diego: Harcout Brace Jovaovch, 1982: 78 – 85.

18 Berman B. Marketing Channels [M]. John Wiley & Sons, Inc. 1996: 80 – 82.

19 Zetlin & Minda Channel Conflict s [J]. Computer world 2000(34).

20 Kolter P., Marketing management: Analysis, Planning and Control[M]. 5ed. New Jersey: Prentice – Hall Inc. 1984.

21 Parasuraman. Reflectionson Gaining Competitive Advantage through Customer Value[J]. The Academy of Marketing Science 1997(25)154 – 161.

22 Ravald, Gronroos. The value concept and relationship marketing [J]. European Journal of Marketing, 1996, 30(2): 19 – 30.

23 Grenroos C. Adopting a Service Logic for Marketing [J]. Marketing Theory, 2006, 6(3): 317 – 333.

24 Edvardsson B., Gustafsson A., Roos I. Service Portraits in Service Research: A Critical Review [J]. International Journal of Service Industry Management, 2005, 16(1): 107 – 121.

25 Vargo S. L., Lusch R. F. Service Dominant Logic: Continuing the Evolution [J]. Journal of the Academy of Marketing Science, 2008, 36(1): 1 – 10.

26 Schumpeter J. A. Capitalism, Socialism and Democracy [M]. NewYork: Harper and Row, 1942.

27 Chamberlin E. Duopoly: Value Where Sellers Are Few [J]. Quarterly Journal of Economics 1929, 43: 63 – 100.

28 Wolfstetter E. Topics in Microeconomics: Industrial Organization, Auctions

and Incentives [M]. Cambridge University Press 1999:100 - 102.

29 Levin A. ,C. F. Lin. Unit Root Tests in Panel Data: Asymptotic and Finite Sample Properties [C]. UC San Diego. Working Paper,1992:92 - 93.

30 Im K. S. ,M. H. Pesaran and Y. Shin. Testing for Unit Roots in Heterogeneous Panels [J]. Journal of Econometrics 2003,115:53 - 74.

31 Maddala G. S. ,Wu Shaowen,Acomparative Study of Unit Root Tests with Panel Data and a New Simple Test [J]. Oxford Bulletin of Economics and Statistics, 1999,61:631 - 652.

32 Kao,C. Spurious Regression and Residual - based Tests for Cointetration in Panel Data [J]. Journal of Econometrics,1999,90:1 - 44.

33 Pedroni P. Critical Value for Cointegration Tests in Heterogeneous Panels with Multiple Regressors [J]. Oxford Bulletin of Economics and Statistics,1999,61: 653 - 678.

34 高鸿业. 西方经济学 [M]. 北京:中国人民大学出版社,2007.

35 胡志刚. 市场结构理论分析范式演进研究 [J]. 中南财经政法大学学报,2011(2).

36 [英]. 马歇尔. 经济学原理 [M]. 张桂玲,黄道平,编译. 北京:中国商业出版社,2009:324 - 330.

37 [美]. J·S 贝恩. 产业组织 [M]. 丸善. 1981:141 - 148.

38 [法]. 泰勒尔. 产业组织理论 [M]. 中国人民大学出版社,1997:264.

39 李何. 供求特征、策略性行为对市场结构的作用机理研究 [D]. 长春:吉林大学,2009.

40 [美]. 史蒂芬·马丁. 高级产业经济学 [M]. 上海财经大学出版社,2006:25.

41 史世鹏. 论市场经济中的市场结构 [J]. 财贸经济,2002:(12).

42 王德章等. 中国零售市场竞争格局与政策选择 [J]. 商业研究,2004:(2).

43 杨永超. 我国零售业市场结构发展趋势分析 [J]. 科技和产业,2006:(7).

44 夏春玉. 中国零售业 30 年的变迁与成长 [J]. 市场营销导刊,2008:(6).

45 金永生. 流通产业组织论 [M]. 中国时代经济出版社,2002:68 - 70.

46 李颖灏,彭星闾．我国零售业市场集中度的现状及对策［J］. 财贸经济,2006:(5).

47 陈阿兴,陈捷．我国零售产业集中度的实证研究［J］. 产业经济研究,2004:(6).

48 赵凯．对我国零售产业市场集中度的实证分析［J］. 财贸经济,2007:(1).

49 刘云,魏喜武．经济学视角下的中国零售产业市场结构研究［J］. 贵州商业高等专科学校学报,2010:(2).

50 周殿昆．渠道冲突频发原因及治理路径分析［J］. 财贸经济,2008:(4).

51 ［美］. 迈克尔·波特．竞争优势［M］. 陈小悦译. 华夏出版社,1998:36-53.

52 艾明华．基于顾客价值链的顾客价值创造［J］. 价值工程,2007:(10).

53 ［芬兰］. 格罗鲁斯．服务逻辑的修正-基于价值创造的观点［J］. 姚亚男,韦福祥编译. 天津商业大学学报,2009:(2). 原载于 European Business Review. 2008.

54 应光荣．消费创造价值. 新财经［EB/OL］,2006. 3. 6. http://finance. sina. com. cn.

55 周殿昆．连锁公司快速成长的奥秘［M］. 中国人民大学出版社,2006:307-308.

56 苗长青．分工理论综述［J］. 全国商情(经济理论研究). 2008:(1).

57 ［澳］. 杨小凯等．专业化与经济组织:一种新兴古典微观经济学框架［M］. 经济科学出版社,2000. 1:26.

58 张弘．信息化与中国流通创新［J］. 财贸经济. 2003:(10).

59 李陈华．流通革命:沃尔玛分店扩张及其经济影响［J］. 上海财经大学学报,2005:(6).

60 王建府．流通体制变革中零售额增长的演化博弈分析与实证［J］. 江苏商论,2011:(2).

61 邹东涛．发展和改革蓝皮书(No. 1)——中国改革开放 30 年(1978—2008)［M］. 社会科学文献出版社,2008:(17).

62 中华人民共和国国家统计局．中国劳动统计年鉴,中国经济贸易年鉴,中国国内贸易年鉴,中国统计年鉴,历年 [M]. 中国统计出版社.

63 [美]. 罗默 . 高级宏观经济学 [M]. 上海财经大学出版社,2003:8 - 9.

64 王先庆 . 零售企业员工培训 [M]. 广东经济出版社,2004:32 - 34.

65 刘世锦 . 中国经济改革的推进方式及其中的公共选择问题 [J]. 经济研究,1993:(10).

66 四川省商务厅 . 零售业态发展趋势刍议[EB/OL]. 2007. 1. 5. http://www. sc. gov. cn/zwgk/swzc/gzyj/200701/t 20070105_153462. shtml.

67 唐鸿 . 我国零售业态演化的动力机制与趋势特征 [J]. 商业时代,2009:(20).

68 赵雪琴 . 2008 年商业零售业投资策略报告. 中信证券,2008. 2.

69 陈信康 . 中国商业革命进程中的业态创新 [EB/OL]. 2004. 8. 23. http://www. scea. org. cn/Article_Show. asp? ArticleID = 821.

70 于唯生 . 博弈论与经济 [M]. 高等教育出版社,2007:218 - 219

71 宋则 . 中国流通现代化评价指标体系研究 [J]. 财贸参考,2003:11 期 - 12 期.

72 王建府 . 我国流通业零售业态创新的演化博弈论分析 [J]. 江苏商论,2010:(12).

73 方惠 . 零售企业规模扩张模式及其风险防范研究 [D]. 华北电力大学管理学博士学位论文,2005.

74 卫新江 . 欧盟、美国企业合并反垄断规制比较研究 [M]. 北京大学出版社,2005:179.

75 王文森 . 基尼系数及其推广应用 [J]. 统计与预测,2003:(1).

76 张建华 . 一种简便易用的基尼系数计算方法 [J]. 山西农业大学学报(社会科学版),2007:(3).

77 [美]. 施蒂格勒 . 产业组织和政府管制 [M]. 潘振民译,上海三联书店,1996:38 - 39.

78 中购联泛商网 . 大润发联手欧尚,合并后市场占有率超过沃尔玛 [EB/OL]. 2011. 8. 5. http://www. topbiz360. com/web/html/newscenter/chain/83456. html.

79 王俊 . 试论零售领域全面开放后对我国产业组织的影响 [J]. 价格理论与实践,2005:(7).

80　中华人民共和国反垄断法，新华社［EB/OL］. 2007. 8. 30. http://www. gov. cn/flfg/2007 -08/30/content_732591. htm.

81　荆林波．关于外资进入中国流通业问题的研究［J］. //宋则等．中国流通理论前沿(4). 社会科学文献出版社，2006：279 -280.

82　余丰慧．外资商超强势. 中国零售业不安全 21 世纪网［EB/OL］. http://www. 21cbh. com/HTML/2011 -2 -12/4OMDAwMDIxOTg4OA. html.

83　姜长云．发展农村第三产业的几项建议［J］. 宏观经济管理，2007：(6).

84　高铁生．坚持扩大内需和稳定外需相结合，加快发展现代流通产业. 经济日报，2009. 10. 31.

85　［加］. 格鲁伯，沃克．服务业的增长：原因和影响［M］. 上海三联书店，1993：55 -57.

86　程大中．中国生产性服务业的水平、结构及影响［J］. 经济研究，2008：(1).

87　高传胜，李善同．中国服务业：短处、突破方向与政策着力点［J］. 中国软科学，2008：(2).

88　江小涓，李辉．服务业与中国经济相关性和加快发展的潜力［J］. 经济研究，2004：(1).

89　顾乃华，毕斗斗，任旺兵．生产性服务业与制造业互动发展：文献综述［J］. 经济学家，2006：(6).

90　张世贤．工业投资效率与产业结构变动的实证研究——兼与郭可莎博士商榷［J］. 管理世界，2000：(5).

91　顾乃华，毕斗斗，任旺兵．中国转型期生产性服务业发展与制造业竞争力关系研究——基于面板数据的实证分析［J］. 中国工业经济，2006：(9).

92　江静，刘志彪，于明超．生产者服务业发展与制造业效率提升：基于地区和行业面板数据的经验分析［J］. 世界经济，2007：(8).

93　吕政，刘勇，王钦．中国生产性服务业发展的战略选择——基于产业互动的研究视角［J］. 中国工业经济，2006：(8).

94　陈宪，黄建锋．分工、互动与融合：服务业与制造业关系演进的实证研究［J］. 中国软科学，2004：(10).

95　朱振中，吕廷杰．双边市场经济学研究的进展［J］. 经济问题探索，2005：(7).

96　刘启,李明志．双边市场与平台理论研究综述［J］．经济问题,2008:(7).

97　纪汉霖．双边市场定价策略研究［D］．复旦大学博士学位论文,2006:50－53.

98　纪汉霖,管锡展．双边市场及其定价策略研究［J］．外国经济与管理,2006:(3).

99　纪汉霖,管锡展．纵向一体化结构下的双边定价策略［J］．系统工程理论与实践,2008:(9).

100　王昭慧,忻展红．平台匹配技术对双边市场定价的影响［J］．北京理工大学学报(社会科学版),2008:(3).

101　岳中刚．双边市场的定价策略及反垄断问题研究［J］．财经问题研究,2006:(8).

102　张昕竹．从双边市场看网间结算和收费方式［J］．经济社会体制比较,2006:(1).

103　胡群,鲍小志．双边市场视角下的企业行为策略研究综述［J］．经济论坛,2007:(9).

104　纪汉霖,王小芳．双边市场视角下平台互联互通问题的研究［J］．南方经济,2007:(11).

105　李泉,陈宏民．基于双边市场框架的软件产业效率与福利分析［J］．系统管理学报,2008:(4).

106　纪汉霖,管锡展．服务质量差异化条件下的双边市场定价策略研究［J］．产业经济研究,2007:(1).

107　李锐．具有不对称结构的双边市场下中介人竞争问题［J］．世界经济,2006:(1).

108　杨冬梅．双边市场:企业竞争策略性行为的新视角［J］．管理评论,2008:(2).

109　胥莉,陈宏民,潘小军．顾客多方持有行为与厂商的兼容性选择——基于双边市场理论的探讨［J］．世界经济,2006:(12).

110　朱国华,李雪静．基于双边市场理论的期货交易所竞争策略［J］．上海金融,2007:(6).

111　岳中刚,赵玻．基于双边市场视角的通道费用问题研究［J］．山西财经大学学报,2008:(7).

112 董安生,魏薇. 双边市场与对冲交易的影响、挑战与前景 [J]. 河南社会科学,2007:(1).

113 刘海霞等. 开放存取期刊质量的双边市场模型研究 [J]. 情报杂志,2007:(6).

114 胥莉,王耀斌,陈丽. 广告支持型双边市场的网络效应——即时通信市场的实证分析 [J]. 系统管理学报,2008:(6).

115 周密."麦克米伦缺口"与中小企业信用担保期限——一个非对称双边市场特性的视角 [J]. 经济管理,2007:(1).

116 王起静. 展览产品定价模型及价格影响因素研究——基于双边市场理论视角 [J]. 经济管理,2007:(16).

117 黄民礼. 双边市场与市场形态的演进 [J]. 首都经贸大学学报 2007:(3).

118 纪良纲,郭娜. 商品流通规模与商品流通速度的关系分析 [J]. 宋则等. 中国流通理论前沿(4). 社会科学文献出版社,2006 年:124.

119 吴小丁. 商品流通论 [M]. 北京:科学出版社,2005:33 - 37.

120 高铁梅. 计量经济学分析方法与建模 - EVIEWS 应用及实例 [M]. 北京:清华大学出版社,2007:31 - 38.

121 张兴. 基于 VAR 模型的中日贸易与日本经济增长的实证分析 [J]. 中南财经政法大学研究生学报,2006:(6).

122 靳庭良,郭建军. 面板数据模型设定存在的问题及对策分析 [J]. 数量经济技术经济研究,2004:(10).

123 [日]. 植草益. 微观规制经济学(中译本) [M]. 中国发展出版社,1992:76 - 77.

124 谢地. 政府规制经济学 [M]. 高等教育出版社,2003:56 - 59.

125 纪良纲. 现代商品流通论 [M]. 中国商业出版社,1993:43 - 46.

126 李骏阳,夏爱萍. 供应商应对强势零售商的战略反应及对我国零售业开放的启示 [J]. 管理学报,2006:(3).

127 马龙龙. 流通产业政策 [M]. 清华大学出版社,2005:57 - 60.

128 [美]. 小贾尔斯 · 伯吉斯. 管制和反垄断经济学 [M]. 上海财经大学出版社,2003:67 - 69.

129 [美]. 丹尼尔 · F · 史普博. 管制与市场 [M]. 上海人民出版社,1999:43 - 46.

130 [法]. 贝尔纳·萨拉尼耶. 市场失灵的微观经济学 [M]. 上海财经大学出版社,2004:22-23.

131 陈富良. 政府对商业企业的规制研究 [M]. 经济管理出版社,1999:67.

132 马昕,李泓泽. 管制经济学 [M]. 高等教育出版社,2004:32-34.

133 金碚. 竞争秩序与竞争政策 [M]. 社会科学文献出版社,2005:56-60.

134 宋则. 流通体制改革攻坚 [M]. 中国水利水电出版社,2005:12.

135 刘勇. 外资进入中国零售业的现状、策略与发展趋势 [J]. 中国经贸导刊,2004:(11).

136 王林生,张汉林等. 发达国家规制改革与绩效 [M]. 上海财经大学出版社,2006:11-13.

137 纪宝成. 转型经济条件下的市场秩序研究 [M]. 中国人民大学出版社,2003:27-34.

138 李健生. 论我国大型零售店的发展规制对策 [J]. 商业现代化,2006:(6).

139 朱李明. 市场建设中的商圈问题 [J]. 中国流通经济,2000:(8).

140 王强,王喆. 从供应链的角度分析我国商品流通主导权的演变 [J]. 北方经贸,2005:(7).

141 桑昌禹,赵世英,姜明. 论大型商业零售业的过度竞争问题及对策 [J]. 商业研究,2001:(1).

142 李晓明,张琳. 中国大型百货的现状与创新 [J]. 市场周刊,2004:(7).

143 肖怡. 国外"大店法"对我国流通产业进入规制的启示 [J]. 中国流通经济,2004:(8).

144 吴小丁. 大型零售店"进场费"与"优势地位滥用"规制 [J]. 吉林大学社会科学学报,2004:(9).

145 马彦丽. 流通产业的发展与政府合理规制 [J]. 财贸经济,2002:(1).

146 张闯. 流通国际化背景下的流通政策比较研究 [J]. 财贸经济,2005:(2).

147 杜丹青. 论对外开放条件下我国商贸流通领域的政府规制 [J]. 商

业经济文荟,2003:(6).

148　程艳菲．日本的大店法及其对零售商业的影响［J］．商业研究,1997:(6).

149　茹莉．日本零售业的发展趋势及其对中国的启示［J］．河南商业高等专科学校学报,2005:(1).

150　孟黎加．外资进入中国零售业的现状及其影响［J］．首都财贸,1997:(2).

151　吴愉斌．中国大型百货零售商店的竞争态势分析与调整战略［J］．商业经济研究,1997:(3).

152　王明星,孙建中．零售业:转型期的发展障碍与营销创新［J］．中国流通经济,2002:(3).

153　孙前进．日本大店法的形成与废止［J］．中国流通经济,2005:(9).

154　陈建勋．直面零售业的全面开放［J］．商业文化,2005:(1).

155　黄国雄．中国百货店的昨天、今天和明天——兼论大型百货商场的市场定位［J］．北京市财贸管理干部学院学报,2003:(3).

156　伍艳．浅谈中国零售商业网点的法律规制［J］．商业经济文荟,2004:(1).

157　张新国．关于零售业外商直接投资的若干原则［J］．商业研究,1998:(6).

158　张映红．国际化竞争中中国大型百货企业的战略对策［J］．首都经济贸易大学学报,2001:(2).

159　梁春茂,刘良灿．大型百货店发展的现状原因及对策［J］．商业研究,2003:(1).

160　王建华．零售业对外开放应有必要的限制［J］．中国市场,1997:(4).

161　于宝琴．浅析中国大型商业零售企业的困境与发展［J］．商业研究,2002:(5).

162　商荣华．大型百货店重生路径［J］．商业时代,2003:(8).

163　晏维龙．交换、流通及其制度——流通构造演变理论［M］．中国人民大学出版社,2003:36－38.

164　宋则．中国经济发展前沿报告［M］．经济管理出版社,2002:55－56.

165　楚学文．构建现代产权制度促进流通企业发展［J］．商业研究，2005:(11)．

166　崔永刚．流通企业产权改革及其应注意的问题［J］．商业研究，2005:(12)．

167　李陈华，柳思维．流通企业的企业理论新析［J］．财经理论与实践，2005:(9)．

168　夏春玉．当代流通理论——基于日本流通问题的研究［M］．东北财经大学出版社，2005:36－39．

169　任秀坤．打假中的经济学和博弈论解释［J］．上海管理科学，2002:(3)．

170　任秀坤．假冒伪劣商品的经济学分析［J］．世界标准化和质量管理，2002:(7)．

171　卜伟．假冒伪劣的治理——综述、博弈分析与新思路［J］．中国工商管理研究，2002:(2)．

172　杨鸥．反假冒产品的博弈思考［J］．江西社会科学，2002:(3)．

173　吕文震，江可申．假冒伪劣商品市场交易的博弈分析［J］．南京航空航天大学学报，2006:(1)．

174　罗荣桂，李文军．假冒伪劣商品博弈和信誉市场的建立分析［J］．武汉理工大学学报，2003:(1)．

175　丁正平．假冒伪劣品与真品共存市场的博弈分析［J］．经济师，2007:(5)．

176　宋娟．论伪劣商品的成因及其治理——基于信息不对称条件下的博弈分析［J］．特区经济，2005:(3)．

177　蒲勇健，唐小我．假冒伪劣产品与真品共存于市场的信号传递博弈模型［J］．重庆大学学报(社会科学版)，1999:(3)．

178　谢识予．经济博弈论［M］．复旦大学出版社，2002 年．

179　杨颖梅，王文举．招标支付等价性及最优保留价博弈分析［J］．经济与管理研究，2001(11):54－58．

180　陈信康．中国商业现代化新论［M］．上海财经大学出版社，2003:242－243．

181　于维生，朴正爱．博弈论及其在经济管理中的应用［M］．清华大学出版社，2005．

182 张晓峒. 计量经济分析 [M]. 经济科学出版社,2000:35 - 40.

183 赵农,刘小鲁. 进入管制与产品质量 [J]. 经济研究,2005:(1).

184 韩景丰. 基于合作博弈分析的供应链结构的比较研究 [J]. 工业工程,2007:(3).

185 丁青. 供应链管理中的信息问题及对策分析 [J]. 工程建设与设计,2002:(6).

186 马士华. 供应链企业间的合作与策略 [J]. 现代物流,2002:(10).

187 钟明明,吴庆平. 供应链企业合作的博弈论分析 [J]. 河海大学学报,2005:(1).

188 邵宏文,钱捷. 基于信息技术的供应链管理 [J]. 华东经济管理,2001:(4).

189 林荣清,任宇平. 关于建立供应链联盟的若干思考 [J]. 福建行政学院福建经济管理干部学院学报,2004:(1).

190 黄舒,谭跃辉. 基于博弈理论的供应链合作伙伴关系 [J]. 安装,2003:(2).

191 辛霞,王艳,方小翠. 协同电子商务与供应链管理 [J]. 技术经济与管理研究,2003:(6).

192 汤敏,茅于轼. 现代经济学前沿专题(第1集) [M]. 商务印书馆,1989:67 - 71.

193 [澳]. 杨小凯. 经济学原理 [M]. 北京:中国社会科学出版社,1998:44,235 - 236.

194 李陈华,文启湘. 流通企业的(规模)边界 [J]. 财贸经济,2004:(2).

195 周殿昆,王建府. 消费者参加渠道价值创造分享渠道收益的理论意义与应用价值(Working paper). 2012.

196 [美]. 安妮·科兰等. 营销渠道(第6版) [M]. 蒋青云,孙一民等译. 电子工业出版社,2003:10.